아버지의
마지막
춤

책 속에는 사람들이 산다. 사람과 사람을 잇는 게 말이고 그 말들을 담은 그릇이 책이기 때문이다. 사람들의 따뜻한 말을 담을 그릇이야말로 '말그릇'의 한결같은 태도이다.

아버지의 마지막 춤

박무형 수필집

말그릇

|작가의 말|

책을 내며

2010년 여름 나는 등단하면서 속다짐을 했다. '앞으로 글을 잘 쓸 수 있게 되면 피천득의 〈보스턴 심포니〉 같은 수필을 쓰고 싶다'고. 그 수필을 처음 대했을 때 산뜻하고, 기품 있고, 명화의 라스트신 같은 강한 여운을 느꼈기 때문이다.

고교 시절부터 문학의 꿈을 안고 살았지만 먹고살기 바빠지면서 그 꿈을 접었다. 정년 후에야 늦깎이로 수필의 문을 두드렸다. 등단 후 10여 년이 지났지만 나는 아직도 내가 지향하는 그 경지에 이르지 못한 채 언저리에서 헤매고 있는 것 같다.

나에게는 수필 스승이 두 분이다. 등단으로 이끌어주신 예당 이정림 선생님, 수필의 맛과 의미를 일깨워주셨다. 또 한 분은 일현 손광성 선생님, 수필의 멋과 향기 그 진수를 깨닫게 해주셨다. 두 분께 마음속 깊이 감사를 드린다.

평소에 느긋한 나의 글쓰기 자세를 나무라면서도 용기를 북돋워준 강철수(前 한국수필문학진흥회 회장) 선배님, 합평하며 격려해준 '맑은내문우회' 회원을 비롯한 여러 문우회 글벗들, 정성껏 책을 만들어준 '말그릇' 출판의 김경희 님, 모두에게 고마움을 전한다. 언제나 믿어주고 응원해준 가족에게도 사랑을 전한다.

2020년 봄

박무형

차례

|작가의 말| · 4

1.

추월이 누나 · 10
갈채다방 · 17
〈보스턴 심포니〉에 반하다 · 23
아버지의 마지막 춤 · 28
내 사춘기의 연못 · 39
드디어 아내가 웃었다 · 49

2.

마늘을 까며 · 56
레드의 얼굴 · 61
추억의 보물찾기 · 67
어머니의 초상 · 73
럭비처럼 쿨한 인생은 없을까 · 89
안녕하신지, 미즈 트래비스 · 96

3.

어떤 술대접 · 110
나의 음악 편력 · 116
팔불출 · 122
웃어준 장승과의 이별 · 128
주홍빛 줄무늬 우산 · 134
우린 과연 호모 비블로스인가 · 139

4.

갯벌에서 생긴 일 · 148
한 리더의 신화 · 154
어느 친구 이야기 · 161
산길 · 168
토스카의 희극 · 173

5.

가벼울 때 행복하다 · 180
나의 애마 · 185
화장과 성형 · 191
아다지오 소스테누토 · 198
지워지지 않는 잔상 · 204

6.

읽는 즐거움, 쓰는 괴로움 · 212
비 내린 그날의 일진 · 218
서울, 어제와 오늘 · 224
가방 · 231
4월을 보내며 · 236

나는 그때 아버지가 춤추는 것을 처음 보았다. 발뒤꿈치와 어깨를 들썩들썩 들었다 놓으며 양팔을 갈매기 날갯짓처럼 덩실덩실 돌며 한 곡조 읊었다. 그 춤사위와 가락은 뭔가 예사롭지 않아 보였다. 그때 집에 세들어 사는 사람들과 골목을 지나던 행인들이 신기한 듯 구경했다. 그리스인 조르바는 춤으로 그의 인생을 말한다 했는데 아버지는 그때의 막춤으로 과거의 전 생애를 말했던 것은 아닌가 싶다.

1

추월이 누나 ·
갈채다방 ·
〈보스톤 심포니〉에 반하다 ·
아버지의 마지막 춤 ·
내 사춘기의 연못 ·
드디어 아내가 웃었다 ·

추월이 누나

 오랜만에 고향을 찾았다. 남해안의 작은 항구 도시에는 어린 시절 내가 보던 어떤 풍경도 남아 있지 않았다. 한적했던 거리는 넓어진 만큼 붐볐고 건물들의 덩치는 커졌고 사람들의 옷차림도 가로수 수종도 바뀌어 있었다.

 어릴 적 비탈길을 따라 나지막한 노산 언덕에 오르면 그 너머 해안 우측으로 방파제가 길게 뻗어 나갔고 그 끝에 하얀 등대가 보였다. 썰물이 지면 방파제 안쪽으로 갯벌이 드러나고 밀물이 들면 작은 고깃배들이 바닷물 위로 몰려들곤 했다. 부둣가 인접한 오거리에 우리 집이 있었고 바로 옆에 기와를 인 K여관이 붙어 있었다.

밤이면 시가지는 한적했어도 동네 골목은 오히려 노상 시끄럽기만 했다. 아이들이 전봇대 불빛 아래서 가마놀이나 앙감질로 뛰면서 깔깔대곤 했기 때문이다. 우리가 신나게 놀고 있을 때면 머릿짐을 이거나 장바구니를 손에 든 K여관 추월이 누나가 지나가곤 했다. 우리는 그녀를 뒤따르며 "추우리! 추우리!" 하고 불러대기 일쑤였는데 그녀는 언제나 천연히 웃기만 했다.

추월이 누나는 처녀 같기도 하고 색시 같기도 했다. 한결같이 허름한 몸뻬 바지에 헌 블라우스 차림이었다. 차림은 누추했어도 훤칠하고 균형 잡힌 몸매는 의젓해 보였다. 물동이를 인 치렁치렁한 머리채로 물방울이 흘러내리면 손으로 걷어 뿌리곤 했다. 나는 그런 그녀를 보노라면 남몰래 가슴 설레곤 했다.

K여관에는 우리보다 두어 살 아래 계집애가 있었다. '숙'이라고 불렸는데 외딸이라 꽤 귀염을 받았다. 그 아이는 나를 "오빠, 오빠." 부르며 잘 따랐지만 나는 영 마땅찮았다. 까불고 덤벙거리는 폼이 꼭 선머슴 같았고 우리들 놀이에 안 끼이는 데가 없이 덤벼들었기 때문이다. 까무잡잡한 얼

굴에다 단발머리에 늘 리본을 달고 있었다. 다리가 유난히 가늘고 길었는데 그래선지 뜀박질은 잘했다.

K여관에서는 자주 술밥 찌는 고소한 냄새가 흘러나왔다. 우리 악동들은 언제나 시장한 터라 그 냄새만 나면 환장할 지경이었다. 그럴 때면 너 나 할 것 없이 숙이를 쳐다봤다. 그러면 그 애는 고두밥을 몇 주먹씩 가지고 나와서 우리들의 환심을 샀다. 고두밥은 주로 추월이 누나가 쪘는데 우리는 그녀가 지나갈 때 그 맛난 고두밥이 생각나서 더 환호했는지도 모른다.

그때의 우리들에겐 그 꼬들꼬들하고 감칠맛 나는 고두밥이 세상에 둘도 없는 별미였다. 어느 날인가 무슨 일 때문이었는지 기억은 없지만 숙이는 그 특유의 깜찍한 표정으로 메롱 메롱 하면서 약 올리며 달아났다. 나는 한 대 패줄 작정으로 뒤를 쫓았다. 역시나 그 애는 달리는 데는 선수였기에 따라잡기에는 역부족이었다. K여관 앞에서 나는 잔돌에 걸려 넘어져 그만 무릎이 까지고 말았다.

깨진 무릎을 아파하던 참에 마침 추월이 누나가 쫓아 나와서 나를 K여관 안으로 데려갔다. 여러 방이 죽 늘어서 있는, 어둠침침한 긴 마루 끝에 나를 앉혀놓고 피멍이 든 무릎 상처에 머큐로크롬을 바르고 입김으로 후후 불어주었다. 그때 깨인 살갗으로 파고드는 소독약의 쓰림에 오만상을 찌푸리면서도 그녀의 하얀 목덜미의 고운 선을 보고 참 아름답다고 느꼈던 것 같다. 가슴속에서 콩닥거리는 소리가 들렸을 것이다. 그녀가 김이 무럭무럭 나는 고두밥을 한 움큼 내 손에 쥐여 주었을 때 가슴이 폭발할 것만 같았던 기억은 아직도 선명하다.

추월이 누나의 출생에 관해서는 여러 얘기가 돌았다. 업둥이로 들어왔다고도 했고 숙이 아버지가 밖에서 낳아왔다고도 했다. 추월이 누나의 생모는 유명한 진주 기생 추월이라는 얘기도 있었다. 숙이 아버지와 어머니는 추월이 누나 문제로 많이 다툰다고 했다. 실제로 숙이 어머니는 추월이 누나를 하녀 취급을 했다. 그럴 때마다 나는 속상했고 숙이 어머니가 밉기만 했다.

가끔 우리 집 뒤뜰 판자 울타리 틈 사이로 나는 추월이 누나의 일상을 엿보곤 했다. 큰 함지박 하나 가득 담긴 채소를 손질하여 씻을 때도 있었고, 그만큼의 그릇을 설거지하기도 했고, 그보다 많은 양의 옷가지를 빨기도 했다. 그러고는 넓은 뒤뜰을 깨끗하게 청소도 했다. 몹시 힘들고 피곤할 터인데도 그녀는 언제나 상큼한 표정을 지었고 밝은 기운이 넘쳐나 보였다.

그러던 어느 날, 추월이 누나에게 뜻밖의 일이 생긴 모양이었다. 그녀는 시름겨운 얼굴로 먼 하늘을 쳐다보며 툇마루에 앉아 눈물을 글썽이는 것이었다. 사연인즉슨 K여관이 술청을 차려 놓고 추월이 누나에게 술시중을 들게 한다는 것이었다. 술꾼들이 꼬여 들었고, 그들의 노랫소리와 젓가락 장단 소리가 온 동네를 어지럽혔다. 동네 사람들의 항의가 빗발쳤고 마침내 백구두를 신고 밖으로 나돌기만 하던 숙이 아버지는 추월이 누나 문제로 숙이 어머니와 대판 싸우기까지 했다. 나는 추월이 누나가 이름처럼 술집 기생 노릇을 하는 게 싫었지만 한복으로 곱게 단장하고 얼굴에 화장까지 한 모습은 싫지 않았다.

한동안 흥청대던 K여관에 이상한 낌새가 느껴졌다. 그렇게 시끌벅적하던 술꾼들의 노랫소리도, 젓가락 장단 두들기던 소리도 들리지 않았다. 더구나 술밥 찌는 고소한 냄새도 더 이상 풍기지 않았다. 추월이 누나의 모습도 뜸했다. K여관이 영업정지인가 뭔가 조치를 당했다는 것이었다. 그러다가 마침내 문을 닫고 말았다. 그 집 전체가 경매에 넘어갔다는 소식도 나돌았다. 급기야 숙이네가 남해 섬으로 이사를 가게 되었다는 말도 들렸다.

삼천포 선착장에 뱃고동이 울었다. 숙이네가 이사하는 날이었다. 우리는 숙이를 배웅하려 선착장에 모여 있었다. 어떤 친구는 작은 선물도 준비했다. 뱃고동 소리가 슬퍼지며 마침내 숙이네를 실은 배가 머리를 틀었다. 우리는 손을 흔들었고 숙이도 눈물을 글썽이며 손을 마주 흔들었다. 나는 건성으로 손을 흔들면서 눈으로는 추월이 누나만 찾고 있었다. 그녀는 예의 그 허름한 몸뻬에 헌 초록색 블라우스를 입고 뭔가 쉴 새 없이 짐 정리를 하고 있는 듯했지만 끝내 나를 돌아보지 않았다.

몇 년 후 우리 집은 서울로 이사했고, 또 얼마 후 한국전쟁이 터졌다. 풍문에 누군가가 숙이네가 일본 '오무라 수용소'에 있는 것을 보았다는 얘기도 들렸다. 우리 막내 외삼촌은 일본 오사카에서 숙이가 어느 중학교 육상선수로 활약하고 있는 사진 기사를 본 적이 있다고도 했다.

 지금 삼천포 선착장 바로 위로 남해 섬으로 가는 삼천포 연륙교가 놓여 있다. 다리 위로는 차량들이 쉴 새 없이 오가는데 그 아래 선착장에서 떠났던 추월이 누나의 소식은 끝내 들을 수 없으니 아쉽다.

갈채다방

 80년대 초반 즈음의 어느 여름날 늦은 오후였다. 일찍 퇴근한 나는 세종문화회관 뒤편 골목길로 들어섰다. '갈채'라는 간판이 눈에 들어왔다. 다방이었다. 그레이스 켈리, 빙 크로스비가 나오는 음악영화 〈갈채〉가 떠올랐다. 그러잖아도 별건 대낮에 곧바로 집으로 들어가기가 아쉽던 참이었다. 연일 직무에 시달리던 머리도 식힐 겸 차도 한 잔 마시고 싶었다.

 다방 안은 고즈넉하고 침침했다. 창가엔 두꺼운 천으로 된 커튼이 젖혀져 있었고, 투박한 천 소파에 좀 낡아 보이는 나무 탁자, 그 위에 설탕통과 성냥갑, 하얀 사기 재떨이가 놓여 있었다. 다방 입구 카운터에는 배우 같은 예쁜 마담이 앉아 있었고 그 옆 벽면에는 메모판이 붙어 있었다. 커다란 어항도 눈에 띄었다.

자리에 앉자마자 레지가 왔다.

"무슨 차 드실 거예요?"

"커피."

"저도 한 잔하면 안 될까요?"

"OK!"

레지가 쟁반에 두 개의 찻잔과 커피포트를 가져와서 맞은편에 앉았다. 찻잔에 뜨거운 커피를 부으며 설탕과 프리마 양을 물었다.

"설탕 둘, 프리마 둘."

티스푼으로 커피 잔을 젓고 있는 그녀에게 물었다. 다방의 간판을 처음 보았을 때부터 궁금한 질문이었다.

"갈채, 이 다방 이름 언제부터 썼지요?"

"저는 몰라요, 6개월 전에 여길 왔거든요. 왜 그러시는데요?"

참 별걸 다 물어본다는 듯 쳐다봤다.

고운 한복차림으로 홀 안을 누비던 마담이 내게로 와 옆자리에 살포시 앉았다. 계란형 얼굴에 오똑한 콧날, 초롱초롱한 눈매가 영리해 보였다. 4, 50대로 보였고, 탤런트 김영애를 닮았다는 생각이 들었다. 다방이 있는 내수동은 인근 내자동과 적선동과 더불어 한옥이 대부분인 동네였다. 부근에는 중앙관청이 즐비했고 그곳을 드나드는 사람들이 '갈채'를 많이 이용할 것이었다. 당연히 그들을 상대하는 마담은 지적 수준도 높을 것이란 생각이 들었다. 나는 마담에게 특별히 쌍화차를 쏘았다. 내심이나마 영화 〈갈채〉의 추억을 공유할 수 있기를 기대했다.

사과와 수박은 쪼개봐야 속을 아는 것인가. 다방 이름의 연유에 대한 마담의 대답은 내 기대에 못 미쳤다. 수년 전 다방을 인수할 때의 상호 '갈채'를 그대로 사용하고 있다는 것이었다. 〈갈채〉라는 영화 자체를 모른다는 김빠지는 말도 했다. 영화를 좋아하는 데도 보지 못해 아쉽다는 말도, 내 추억을 공유하지 못해 미안하다는 뜻도 보탰다.

두 여인을 상대로 나는 영화의 스토리를 들려줬다. 왕년의 뮤지컬 톱스타(빙 크로스비 분)가 아내(그레이스 켈리 분)의 헌신적인 내조와 무대감독(윌리엄 홀덴 분)의 집념 어린 설득으로 상실감과 내적갈등을 이겨내고 재기에 성공한다는 약간은 진부한 스토리였다. 하지만 세 사람 간의 오해와 갈등, 감정과 심리 전개는 압권이고, 절제된 삼각관계가 깨끗한 여운을 남기는 명화인데 그것은 세 배우의 탁월한 연기력 때문이라고 설명했다.

특히 이 영화는 1950년대 할리우드에 신성처럼 나타난 그레이스 켈리에게 아카데미 여우주연상을 안겨주었고, 각본상도 함께 수상한, 나에겐 각별히 추억에 남는 고전 영화라는 것과 나와 같이 그 영화의 향수를 가진 올드팬이라면 누구라도 '갈채'라는 간판을 보면 들어올 것이라고도 말했다.

나는 마담이 그 영화에서 지적이면서 정숙한 이미지로 나오는 그레이스 켈리를 닮았다고 농담을 건네며 만약에 마담이 〈갈채〉 마니아라면 그 영화의 올드팬 고객에게 응대하기가 훨씬 좋을 것이라고 말했다. 그러자면 영화 〈갈채〉에 대해 공부를 좀 해 보는 것이 어떻겠느냐고도 했다. 평소에 나답지 않은 오지랖이었지만, 다행히도 마담은 눈을 반짝이며 허투루 듣는 것 같지는 않아 보였다.

그 후로도 몇 년 동안 나는 갈채다방을 자주 드나들었다. 혼자 가기도 했고 지인들과 가기도 했다. '갈채'라는 이름이 아니었더라도 시류에 편승하지 않고 옛 다방의 풍치를 그대로 지니고 있어 호감이 갔던 것이다. 당시 서울 도심은 다방을 대신해 카페나 커피하우스가 우후죽순으로 생겨나던 때였다.

직장 인사이동으로 한동안 지방에서 근무하게 되어 갈채다방을 잊고 지냈다. 두 해 만에 서울로 복귀하게 되어 그 다방을 찾았다. 마담이 전보다 더 반색하며 나를 맞이했다. 마담이 앉아 있는 카운트 뒤 벽면에는 영화 〈갈채〉의 포스터가 붙어 있었고 그 옆에 그레이스 켈리의 상반신 인물 사진도 나란히 붙어 있었다.

그동안 나같이 영화 〈갈채〉에 관심을 보이는 손님이 간혹 있어 영화 테이프도 구하여 보고 그레이스 켈리가 나오는 다른 영화도 여러 편 보았다는 것이다. 그 영화에 대한 정보와 지식을 쌓다 보니 손님들과의 대화도 재미있고 풍요로워졌다는 것이다. 마담은 그 고마움을 내게 위스키티 한 잔으로 보답하면서 얘기를 이어 갔다.

〈갈채〉 영화를 기억하는 시니어 고객들은 영화 얘기로 대화를 이끌어 가면 흥미를 느끼고 호응하더라는 것이었다. 몇몇은 일행도 데리고 오곤 해서 매출도 쏠쏠하다고 농담 비슷하게 말하기도 했다. 그래서 아예 〈갈채〉의 포스터를 패널로 맞춤 주문해서 벽에 걸었다고 했다. 창과 창 사이의 벽에 걸린 패널을 보니 내가 다 뿌듯했다. 그것은 벽 곳곳에 걸린 동양화나 붓글씨 액자보다 훨씬 세련되어 보였고 '갈채'라는 이름과 썩 어울렸다. 그래서 그런지 마담이 정말 그레이스 켈리를 닮아 보였다.

그 얼마 후, 나는 정년을 맞아 광화문을 떠났다. 몇 년 지방에서 공기업의 임원으로 근무하다가 임기를 마치고 서울 집으로 돌아왔다. 그새 갈채다방은 사라지고 말았다. 그 다방이 있던 곳은 지구단위계획 사업으로 고층 빌딩 숲으로 바뀌고 있었다. 거대한 초고속 허리케인이 단란했던 초가삼간을 흔적도 없이 쓸어간 듯했다.

영화 〈갈채〉의 추억을 불러일으켰던 갈채다방이 아련히 그립다. 영화 포스터를 배경으로 고운 웃음 흩날리던 그레이스 케리를 닮은 마담도 떠오른다.

〈보스턴 심포니〉에 반하다

 매형 서재의 책꽂이에 빼곡하게 꽂힌 책 중에서 수필집 한 권이 눈에 들어왔다. 1960년대 초 대학 휴학을 하고 시골 누님 집에서 군 입대를 기다리던 때였다. 무료하기 그지없던 내게 그 책은 한때의 파적거리로 흥미를 끌었다. 당시에는 수필이라는 장르가 일반화되지 않았다. 대학교수나 철학자가 쓰는 관념적인 글, 시인이나 소설가들이 여가의 느낌이나 생각의 일단을 펼치는 산문쯤으로 인식되던 시기였다.

 《서재여적書齋餘滴》, '대학교수 명문장가 17인의 집필'이라는 부제가 붙어 있었다. 박종화, 양주동, 유진오, 주요한, 이

병도, 이희승, 이양하, 피천득 등이 필진이었다. 대부분이 한문투성이였고 딱딱한 논설 형식이나 서설식의 글이 많았는데, 그중에 문장이 산뜻하고 참신한 글이 눈에 띄었다. 마치 케케묵어 눅눅해진 견과류 속에서 갓 까놓은 잣 알갱이를 발견한 기분이었다. 피천득 선생의 수필이었다. 그중에서도 압권은 〈보스턴 심포니〉였다. 그것은 새로운 수필의 참맛을 느끼게 해주었고 나는 그 수필의 여운에 확 반해버렸다.

〈보스턴 심포니〉는 금아 선생이 1950년대 그의 나이 40대 초반에 하버드대학에서 2년의 연구 생활을 마치고 돌아와 쓴 것으로 추정된다. 스무 줄 남짓한 짧은 수필이지만 추억과 현실이 교차되고 동서양이라는 시공을 뛰어넘는 글의 전개에는 어떤 거침도 장애물도 느낄 수 없었다. 회상 장면은 마치 4차원의 세계인 양 입체적으로 생동감 있게 펼쳐지다가 사라지고, 사라졌다가 다시 펼쳐지면서 마치 선율처럼 내 온 몸의 혈관을 따라 흐르는 듯했다. 한동안 나는 그 무지개 같은 글의 음향에 취해 있었다. 또 1954년 가을부터 그 이듬해 봄까지 매주 금요일 보스턴 심포니를 들으러 티켓을 사느라 장시간 기다리던 일과 그때마다 마주치던 굽이치는 갈색 머리의 여학생에 대한 기억 장면은 읽는 이의 마음을 공연히 설레게 하기에 충분했다.

오케스트라가 음정을 고르고 샹들리에 불들이 흐려진다. 갑자기 고요해진다. 머리 하얀 컨덕터 찰스 먼치가 소나기 같은 박수 소리를 맞으며 나온다. 배턴이 들리자 하이든 심포니 B플랫 메이저는 미국 동부지방 불야성不夜城들을 지나 별 많은 프레리를 지나 해 지는 태평양을 건너 지금 내 방 라디오로부터 흘러나오고 있다.

보스턴 심포니의 중계방송이 금아 선생의 방 라디오에서 흘러나오는 서울의 시각은 오후 한 시쯤이었으리라. 보스턴, 뉴욕, 필라델피아, 워싱턴 등 대도시가 몰려 있는 미국 동부의 저녁 공연 시간대는 불야성을 이루었으리라. 미국 서부로 이어지는, 로키산맥의 동쪽과 미시시피강 서쪽을 아우르는 광활한 프레리 초원지대는 자정을 훨씬 넘겨 수많은 별들만 반짝였을 테다. 하이든 심포니 B플랫 메이저가 미국 동부지방 불야성不夜城들을 지나 별 많은 프레리를 지나 해 지는 태평양을 건너는 시간 묘사는 방송 음향의 시차가 기막히게 함축된 표현이다. 결코 붓 가는 대로 쓴 감상문이 아니라는 것을 짐작할 수 있다.

 꿈 같은 이태 전 어느 날 밤 도서관 층계에서 그와 내가 마주쳤다. 그는 나를 보고 웃었다. 그 미소는 나의 마음 고요한 호수에 작은 파문을 일으키고 음향과 같이 사라졌다. 중계방송이 끊어졌다. 7천 마일 거리가 우리를 다시 딴 세상으로 만들었다. 하이든 심포니 제1악장은 무지개와도 같다.

결미는 이 수필의 백미 라스트신이다. 중계방송이 끊어졌다. 이태 전 도서관 층계에서 고요한 호수에 파문을 일으키던 미소도 음향처럼 사라졌다. 둘은 딴 세상으로 분리됐다. 추억과 현실이 7천 마일로 벌어졌어도 여전히 잔상으로 남았다. 무지개와도 같은 하이든 심포니 제1악장 때문이다. 과연 서정수필의 진수眞髓가 아닌가.

 와이드나 연구실에서 책을 읽거나 단풍이 들었을 야드에서 다람쥐와 장난을 치거나, 어쩌면 심포니 홀 3층 갤러리에 앉아 음악을 듣고 있을 여성의 모습은 필자의 추억 속에 고스란히 남아 있는 것이다.

늘그막에 내가 글쓰기를 시작한 것은 수필의 첫사랑 격인 금아 선생의 〈보스턴 심포니〉 때문이다. 이 세상 소풍 이울기 전에 이처럼 빛나는 수필 한 편 쓸 수 있다면 좋겠다.

아버지의 마지막 춤

 아버지는 한량이었다. 농부의 아들이었으나 농사일을 하지 않았을 뿐만 아니라 집안일에는 나몰라라 했다. 바람기까지 있어 가끔 어머니 속을 뒤집어 놓았다. 시집오자마자 어머니가 대가족인 큰집에서 시어른을 모시고 호된 시집살이를 할 때, 아버지는 자전거를 타고 시내에 있는 금융조합에 출퇴근하며 직장 일만 하셨다고 한다.

 아버지의 성함은 박삼조朴三祚이시다. 일제강점기가 시작될 즈음에 죽산 박씨인 조부 박성진과 김해 김씨인 조모 김수악의 차남으로 태어났다. 어릴 때부터 외조부가 가르치던 이웃 마을 향촌리 서당에서 큰외삼촌과 동문수학을 했고, 그 후 그곳 보통학교와 인근 도시에 있는 고등보통학교도 함께 다녔다. 그런 연유로 어릴 적부터 외삼촌 집에서 아버지와 어머니는 빈번히 마주쳤고, 커가면서 두 사람은 따로 만나기도 해서 그 시대에 드물게 연애결혼을 했다는 것이다.

아버지는 키도 크고 인물도 좋았다. 길쑴한 얼굴에 인상이 훤했다. 그 때문이었을까, 우리 가문에 없는 한량 기질을 발휘하신 것이다. 결혼하고서도 집에 있기보다 전국 명승지 여행을 자주 했고, 유흥과 취미생활로 청장년 시절의 한세월을 보냈다. 그 시절에 자동차 운전도 배우고, 장구도 신명 나게 두드리는가 하면 가야금도 잘 탔다고 한다. 나중에는 아코디언과 기타까지 배워서 최신가요 반주를 기막히게 했다는 얘기를 큰누나에게서 들었다. 직장 월급은 집에 가져오는 법이 없이 혼자서 다 흔들어 썼다고 했다.

우리 집이 큰집으로부터 분가하게 되자 아버지는 금융조합을 그만두었다. 수산업을 하는 친구의 권유로 운송업을 시작했다. 아버지 몫의 봉남리 농지를 팔아 시내 요지에 점포를 마련하고 화물차를 한 대 샀다. 목탄차였다. 당시에는 화물 운송 수단이 미미했던 때라 서부 경남 일대에서 그 사업은 처음부터 활기를 띠었다. 살림만 하던 어머니도 아버지 일을 거들어 가게와 창고를 맡으면서 사업은 더욱 번창해졌다.

그 무렵 어머니는 일본에 가서 요식업으로 크게 성공한 외할아버지를 찾아가 큰 자금을 얻어왔다. 당신의 아버지께 사업 확장의 절실함을 절실함을 호소해서 얻어 온 자금은 아마도 예상을 뛰어넘는 큰 액수였던 것 같다. 어머니는 그 돈으로 성능이 좋은 포드 차를 한 대 더 사들이고 원거리 내륙지역까지 거래처를 넓혔다. 어머니 덕에 사업은 확대일로에 이르렀다.

중년의 나이에 사업 기반이 튼실해지자 아버지의 한량기가 다시 발동이 걸렸다. 자연히 사업에 게으름을 피우기 시작했다. 진주 기방에도 자주 들러 기녀들과 가무를 즐기곤 하다가 급기야는 딸 쌍둥이까지 낳아 어머니에게 맡겼다. 그 쌍둥이는 순하고 커 갈수록 예뻐서 식구들에게서 귀염을 받았다. 어머니도 친딸처럼 정성껏 돌보았으나 당시 기승을 부렸던 천연두를 앓다가 둘 다 차례로 죽었다. 그때 어머니는 아버지보다 더 애통해했다고 한다. 그 아픔은 내가 서너 살 때 일이다. 그네들보다 2년 늦게 태어난 내 남동생도 몇 년 후 천연두로 죽었다. 그때 나는 그 어린 주검을 보고 무척 울었던 기억이 생생하다.

죽은 쌍둥이의 생모는 아버지 생신 때면 작은 함지박에 인절미를 싸서 보내왔다. 큰누나는 그 떡을 내다 버리자고 했으나 어머니는 아무 말 없이 받아들였다. 어머니의 속은 촛농처럼 녹아내렸을 테지만 담담했던 것은 평소에 기도와 불공으로 마음을 다스린 결과라고 생각한다.

아버지는 마른 체형이었지만 기골은 튼튼했고, 밖에선 의협심을 발휘했을 뿐만 아니라 인간미도 넘쳤던 것 같다. 늦은 밤 집에 돌아오다가 동네 담뱃가게에서 도둑 두 명이 재고품을 몽땅 훔쳐 달아나려는 것을 보고 격투 끝에 붙잡아 경찰에 넘기기도 했다. 한번은 우리 집 옆 공터에 부식용으로 말리던 대구를 걷어가는 복면 괴한을 붙잡은 적도 있었다. 복면을 벗기고 보니 그 괴한은 우리 자동차 운전사였다. 아버지가 왜 그랬느냐고 다그치자 자기 집 식구들에게 한 번 먹이고 싶어서였다고 했다. 아버지는 두말없이 훔친 것에 여러 마리를 더 얹어 주면서 더 이상 크게 나무라지 않았다.

8·15 광복 후 아버지는 지리산 공비 토벌의 경찰 병력을 우리 집 포드 차로 실어날랐다. 지리산 주변 도로는 험난한 고갯길이 많아 힘이 좋은 우리 차가 유독 자주 징발되었다. 그러다 보니 우리 집 운송 사업에 지장이 컸다. 광복 후의 그런 혼란기를 겪으며 아버지의 사업에 새로운 돌파구가 필요했다. 무엇보다 우리 6남매의 교육을 위해서 서울로 이사하게 되었다. 전적으로 의식이 깬 어머니의 주장에 따른 것이었다.

서울 살림이 채 자리도 잡기 전에 6·25전쟁이 터졌고, 그 전에 서울에서 사업 기반을 잡은 작은외삼촌의 건설업에 투자했던 어머니의 사업 밑천도 건질 수 없게 되어 우리 집은 빈털터리가 되었다. 인민군 치하에서 자동차는 몰수당했고, 아버지는 의용군 징용을 피하여 집에서 숨어 지냈다. 당장 생계조차 어려운 지경에 이르자 그때부터 어머니의 고된 행상이 시작되었다.

어머니는 집에 소장했던 소품들을 머리에 이고 다니며 헐

값에 팔아 식구들을 먹여 살렸다. 1·4 후퇴 때에는 경기도 화성 마도면으로 피란을 갔는데, 그곳에서 백여 리나 되는 서울 집을 오르내리며 그릇이나 옷가지 등 생필품을 이고 시골집마다 다니면서 식량으로 바꿔 왔다. 아버지는 산에서 땔나무를 해 오는 일이 고작이었다. 수중에 돈이 없으니 기세등등하던 아버지의 모습은 온데간데없고 무능하고 초라해 보였다. 식구들의 눈치를 보는 기색이 역력했다.

아버지는 서울 이주를 추진했던 어머니를 줄곧 원망했지만, 서울로 왔기 때문에 오히려 아버지에게 닥쳤을 큰 액운을 면하게 되었다는 것을 나중에야 알게 되었다. 인공 치하에서 우리 집이 고향 삼천포에 그대로 있었더라면 아버지는 지리산 공비 토벌에 차량 지원한 사실 때문에 반동분자로 몰려 틀림없이 인민재판을 받았을 상황이었다.

그때 삼천포 봉남리 큰집은 지역인민위원회 사무소로 사용되었다. 그곳에서 토지개혁 추진과 인민재판을 집행했다. 한때 큰집 머슴이었으며 우리 집의 마름꾼이었던 사람이 완장을 차고 아버지의 서울 행방을 찾았다는 것이다. 우리 집 운전사였던 J씨에게도 추궁했다는 후일담을 듣고 식구들은 가슴을 쓸어내렸다. 한때 배고픔에 말린 대구를 훔칠 수밖에 없었던 그는 서울 우리 집 주소를 알면서도 끝까지 모르쇠로 의리를 지켰다고 했다. 딱한 사정을 아버지가 헤아려 준 것뿐이었는데 그 운전사 덕에 큰 화를 면하게 될 줄을 누가 알았겠는가.

중부 전선에서 진퇴를 거듭하며 치열하던 한국전쟁 막바지에 아버지는 길에서 붙잡혀 국군 전방 보급부대 요원으로 징집되었다. 아비규환의 격전을 치르는 금화 철원 지역, 최전방 고지로 무거운 탄약을 지고 날라야 하는 노역을 치렀다. 아버지의 일생 중 가장 감내하기 힘든, 지옥 같은 고역이었다. 포탄이 소나기 퍼붓듯 쏟아지는 생사의 갈림길에서 가족 생각이 많이 났다고 했다.

휴전이 되자 아버지는 쌀밥 누룽지 말린 것을 자루 가득 메고 집으로 돌아왔다. 징용 막바지에 취사반으로 배정되어 피란지의 식구들 생각에 틈틈이 마련한 것이라 했다. 어머니는 그렇게 달라진 아버지 모습에 크게 감동했다. 아버지의 얼굴은 전보다 무척 수척해지셨으나 오히려 강단이 있어 보였다.

그 후로 아버지는 일거리를 찾아다녔다. 피란지 경기도 화성에서 서울로 돌아갈 때가지 가까운 서해 염전에서 몇 년간 염부로 일하기도 했다. 그때 받은 품삯으로 식구들 양식을 사 오고 나머지는 모아 어머니 장사 밑천에 보태었다.

  서울로 먼저 올라가신 어머니는 폐허가 된 우리 집터에다가 난전을 벌여 장사를 하였다. 그러다가 점포를 짓고 여러 가게를 운영했는데 힘이 부쳤는지 차츰 몸이 편찮아지기 시작했다. 아버지가 서울 가서 어머니를 돕지 않을 수가 없는 상황에 이르렀다. 나중엔 어머니의 사업을 도맡았다. 하지만 얼마 못 가서 장사를 그르치고 말았다. 아버지는 아무래도 장사에는 소질이 없었던 모양이다.

  그 무렵에 작은누님네 독일 명견 포인터가 새끼를 낳자 아버지는 그중 한 마리를 선물 받아 키우는 것을 낙으로 삼았다. 그 개 이름을 '케리'라고 지었다. 케리가 크게 자라자 아버지와 절친이 되어 붙어 다녔다. 아버지는 아침저녁은 물론 틈이 날 때마다 마포 강둑길을 걸었다. 또 옛 마포나루터에서 밤섬이 건너다보이는 서강 언덕에 성곽처럼 솟아 있던 얼음창고까지의 강변길을 거의 10여 년을 케리와 함께 산책하였다.

나는 지금도 기억한다. 저물녘, 케리를 데리고 마포 강둑을 늠름하게 걸어가던 아버지의 모습을. 아버지와 케리가 걸을 때 길게 늘어진 두 그림자의 움직임이 무척 닮았다는 생각이 들었다. 그만큼 아버지와 케리는 환상의 콤비였다. 아버지 생애에서 아마도 케리만큼 친근하게 지내던 친구도 없었다는 생각이 든다. 어느 날 케리가 마포대로 건널목을 건너다가 과속한 차에 치여 즉사하자 그 큰 개를 두 팔에 안고 눈물을 철철 흘리며 집 대문에 들어서던 장면이 지금도 선하다.

어느 날은 노경에 접어든 여인 여럿이 마포 집을 찾아왔다. 아버지의 한량 시절 행락을 함께 즐겼던 모임의 '여친들'이라 했다. 서울로 관광을 왔다가 어렵사리 수소문해서 찾아왔던 것이다. 마침 아버지와 집 마당에서 맞닥뜨렸는데 그들은 반가워서 어쩔 줄 모르고 한데 엉겨 덩실덩실 춤을 추며 왁자지껄했다. 나는 그때 아버지가 춤추는 것을 처음 보았다. 발뒤꿈치와 어깨를 들썩들썩 들었다 놓으며 양팔을 갈매기 날갯짓처럼 덩실덩실 돌며 한 곡조 읊었다. 그

춤사위와 가락은 뭔가 예사롭지 않아 보였다. 그때 집에 세들어 사는 사람들과 골목을 지나던 행인들이 신기한 듯 구경했다. 그리스인 조르바는 춤으로 그의 인생을 말한다 했는데 아버지는 그때의 막춤으로 과거의 전 생애를 말했던 것은 아닌가 싶다. 아마도 초라해진 자신을 자위自慰하기 위한 마지막 춤이었는지도 모를 일이다. 멋있고 찡한 장면이었다.

어머니의 심장병과 척추질환 등 지병이 심해져 혼자서는 거동이 어려운 지경이 되었다. 아버지는 장남인 인천 형님 집에서 8년 넘게 어머니를 보살폈다. 거르지 않고 날마다 아침저녁으로 해왔던 산책도, 운동도 포기했다. 아버지 노년의 끝자락, 그 일상은 오직 어머니의 병시중에 매달리는 것이 전부였다. 그러다가 심한 몸살감기로 입원했고, 병상에 누운 지 보름 만에 폐렴으로 어머니보다 먼저 돌아가셨다. 아버지의 마지막 모습은 주름살 하나 없이 상아 조각상처럼 투명했고 윤이 나듯 빛났다. 향년 86세였다.

프랑스 격언에 '아버지는 신이 주신 은행가다'라는 말이 있다. 아버지는 우리 집에서 은행가 역할은 못 하셨다. 오히려 어머니가 집안의 그 은행가 역할을 대신했다. 생각해보니 아버지는 어머니에게 많은 괴로움을 줬지만 남에게는 피해를 주지 않은 삶을 살았다. 가무를 즐겼으나 술은 잘 못했고, 도박도 하지 않았다. 적지 않은 여성과 염문을 뿌리기도 했으나 당시에 예사였던 두 집 살림도 하지 않았다. 아버지는 노년에 와서 와병 중인 어머니에게 바친 헌신과 봉사로 젊은 날의 허물들을 용서받았다고 생각된다.

지금 아버지는 경기도 화성 가족묘역에 어머니와 합장으로 모셔져 있다. 어느 날 아버지가 흥에 겨워 추시던 마지막 춤을 다시 보고 싶다.

내 사춘기의 연못

#1

고교 시절, 부산 동래 T여고 뒷산에는 구절초가 많았다. 가을이면 나는 그 산에 자주 올랐다. 투명한 하늘 아래 연보랏빛으로 말쑥하게 피어 있는 꽃을 바라보며 상념에 젖어 들곤 했다.

그 무렵 어떤 소녀에게 푹 빠져 있었고, 헤르만 헤세의 고독과 향수 같은 문학의 언저리에 물들어 있기도 했다. 하이네와 바이런의 시구에 마음 설레었고, 카뮈와 사르트르의 실존주의에 얼치기 철학도 흉내 내면서 불안과 허무감에 흐느적거리기도 했다.

이런 나의 사춘기를 '석류 속같이 알알이 싱그러웠던 시절'이라고 글로 표현한 적이 있다. 그러나 좀 더 자세히 회상해보면 실망과 좌절, 그리고 권태와 우울로 지새운 세월이었음을 고백하지 않을 수 없다. 채플린은 '인생은 멀리서 보면 희극이요, 가까이서 보면 비극'이라 했다. 나의 사춘기는 후자였을 것이다.

중학교 시절은 서울 본가에서 어렵게 보냈다. 전쟁의 폐허가 채 아물지 않았던 때라 너나없이 가정 형편이 어려웠다. 학교 월사금을 제때 내기가 어려웠다. 교과서나 읽고 싶은 책도 만리동 고갯길이나 동대문시장에 줄지어 들어선 헌책방을 뒤져가며 싸게 사야만 했다.

어떤 책은 메모와 낙서가 되어 있는 데다 몇 페이지가 실종되어 없기도 했다. 한번은 《상허 문학독본》이라는 헌책을 발견했다. 그러나 수중에 돈이 없었다. 빈손으로 돌아온 날 그 책이 팔렸으면 어쩌나 하는 생각에 밤잠을 설쳤다. 이튿날 아침에 가서 서점 문 열기를 기다려 기어이 책을 샀던 기억이 난다. 월북 작가였던 이태준 저서로서 당시 금서였기에 더 내 마음이 동했던 것 같다.

고교 3년 동안은 부산에 내려가 숙부 집에서 양자로 지내게 되었다. 아들이 없었던 숙모에게는 자상한 모정은 없었다. 나는 옷과 밥을 식모에게서 챙겨 받는 외톨이였다. 외출과 여행이 잦았던 양부모는 나를 양육한 것이 아니라 방목하기로 작정한 것 같았다.

숙부 집의 유족한 환경 속에서 대학까지 원없이 공부를 할 수 있을 것이라 기대했는데 실제로는 그렇게 되지 못했다. 집이 크고 호사스러워도 그곳은 다사롭거나 정겨움이 없었으니 마음은 폐허 위에 홀로 서 있는 것 같았다. 한때 우등생이었던 나는 차츰 밖으로 쏘다니는 걸 좋아하게 되었다. 숙제도 하지 않고 밤늦게까지 탁구를 치기도 하고 거리를 방황했다. 수업 시간에는 책상 아래 소설책을 펼쳐놓고 읽었다. 쉬는 시간에도 《학원》이라는 잡지를 뒤적거렸다.

영화광인 친구가 있었다. 그 친구를 따라 학교 수업은 빼먹고 극장을 들락거렸다. 교과서보다는 개봉영화 팸플릿을 모으고 할리우드 영화계 소식과 배우들 스캔들에 더 열중했다. 당시 나의 우상이었던 스튜어트 그랜저가 진 시몬스와 스캔들 하나 없이 시종일관 스타 부부로 살아가는 것이 얼마나 경이로웠는지 모른다.

숙부와 숙모가 출타하셨을 때에는 안방에서 전축을 크게 틀고 좋아하는 음악에 빠져들곤 했다. 스테레오의 울림으로 비엔나 왈츠의 새로운 매력에 흠뻑 젖었다. 요한 슈트라우스와 레하르의 LP판을 어렵사리 따로 사 두기도 했다. 특히 좋아했던 영화 주제음악은 밥을 먹으면서도 길을 걸으면서 그 영상이 항상 뇌리에 맴돌았다.

#2

같은 반 L이라는 친구 집에 종종 놀러 갔다. 어느 날 그의 사촌 여동생을 한 번 보고는 청초하고 다소곳한 인상에 반해버렸다. 가을밤, 친구 공부방에서 놀다가 집에 가려고 방문을 열었던 참이었다. 그 집 정원 달빛에 비친 소녀의 자태는 단아하면서도 매혹적인 분위기를 풍겼다. 말쑥한 교복 차림의 여학생 얼굴, 반듯한 이마에 검은 눈썹, 그 아래 까만 눈동자가 곧게 솟은 콧날과 어우러져 무슨 신비스러운 빛을 내는 듯했다. 그 무렵 본 영화 〈흑수선〉에서 수녀로 나온 데보라 카의 모습을 떠오르게 했다.

자나 깨나 청초한 모습의 여학생이 내 마음속에 깊이 박혀 떠날 줄을 몰랐다. 어느 날 길에서 그 소녀와 마주쳤다. 그녀는 생그레 미소 지었지만 나는 아무 말도 못 했다. 두근거리는 내 심정을 누구에게 털어놓지도, 그렇다고 그 소녀에게 다가가 말을 걸어 볼 엄두도 못 내고 속앓이만 하고 있었다. 그렇게 한 주가 지나고 한 달이 지나갔다.

어느 날에 내게 멘토 역할을 해주던 친구에게 속내를 털어놨다. 친구는 별다른 말 없이 냉소를 지었다. 의외였다. 그 후 여름방학 어느 날이었던 것 같다. 바로 그 친구 자취방에서 그 소녀와 맞닥뜨렸다. 나는 그만 얼어붙고 말았다. 그녀는 교복 차림이 아니었다. 짧은 블랙 스커트에 흰 블라우스, 볼륨감 있는 자태였다. 양갈래로 단정히 묶었던 머리는 어느 결에 싹둑 잘라 단발머리를 하고 있었다.

그녀가 소문 난 '후랏바'라는 사실을 나중에야 알고 나는 경악했다. 당시 바람기가 있거나 날라리 여학생을 우리는 '후랏바'라 하고 '뻘따이'라고도 불렀다. 그녀가 영락없는 뻘따이였다는 것을 나만 모르고 있었다. 나의 플라토닉 사랑의 표상으로 상상했던, 천사 같던 그녀가 남학생을 바꿔가며 사귀고 다닌 불량소녀였다니! 나 자신이 형편없는 바보라는 자괴감에 휩싸여 한동안 밥맛을 잃었고, 다시 마음은 방향을 잃고 길을 헤매고 있었다.

나중에 고교 동창회에서 그녀의 소식을 들었다. 대학 졸업 후 캠퍼스 커플이었던 학교 선배와 결혼하여 현모양처로 건실하게 살고 있다는 얘기였다. 순간 당혹스러웠다. 지금 생각하니 그녀는 그렇게 불량소녀는 아니었는데 '후랏바'라고 내가 속단하고 매도했던 것이 아닌가 하는 생각에 한편으로 미안하고 부끄러워졌다.

#3

우리 동네에서 얼마 떨어지지 않은 동래역 뒤편에 공원 같은 시립 묘포장이 있었다. 그 한쪽에는 무성한 나무숲으로 둘러싸인 연못이 있었다. 그곳은 나의 안식처였다. 거기만 가면 소용돌이치던 내 마음이 호수처럼 고요히 가라앉는 것이었다. 외롭거나 괴로울 때는 아무도 없는 연못가 벤치에 앉아 수련처럼 떠 있는 물풀을 멍하니 바라보거나 책을 읽곤 했다.

헤르만 헤세의 《페터 카멘친트》, 《크눌프》, 《데미안》 등 전집을 다 읽었다. 《사상계》라는 잡지에 실렸던 소설들, 주로 전후의 아픔을 소재로 한 황순원의 〈나무들 비탈에 서다〉, 선우휘의 〈불꽃〉, 손창섭의 〈잉여인간〉 등을 그곳에서 읽었다. 학교 선배의 권유로 〈이방인〉, 〈전락〉, 〈구토〉 등을 읽고 그 시대에 풍미했던 실존주의 문학사조에 얼추 공감하기도 하고 심취한 척하기도 했다.

그곳은 또한 나의 고교 시절, 문학 소년의 꿈을 부풀게 한 연못이기도 했다. 떠오르는 생각을 정리하고 내용을 구상하고 표현을 다듬었다. 그리고 생각나는 대로 쓰기 시작했다. 내 딴에는 뭔가 작품이 되겠다는 생각에서 쓰고 지우고 쓰고 고치기를 반복했다. 그중에서 몇 편의 글을 정리해서 문예반에서 두각을 보이던 K라는 친구에게 평해달라고 부탁했다. 《학원》 잡지에 가끔 시나 소설로 필명을 올리던 친구였다.

그 친구는 처음엔 내 글에 대한 언급을 회피했다. 그러다 나의 끈질긴 요청에 드디어 혹평을 쏟아냈다.

"이것은 글이 아니야. 주제도 체계도 없는 잡문이야. 글은 이렇게 감성만 가지고 쉽게 쓰는 게 아니야. 학교 공부나 열심히 하셔!"

그의 어투는 단호했다. 그리고 자기 책상 서랍과 상자, 궤짝에서 원고 뭉치를 꺼내놓고 한마디 보탰다.

"이것 보라고! 내가 이 글을 쓰느라고 얼마나 피를 말린 줄 알아? 작년 여름방학부터 겨울방학까지 이렇게 종이가 거덜 나도록 고쳐 쓰고 새로 쓰기를 반복했는데도 작품으로 완성되지 않았던 거야."

교지에 실렸던 소설 원고지였다. 그의 책상 위에는 원고지와 만년필, 그리고 담뱃갑과 재떨이가 놓여 있었다. 교과서나 참고서 같은 것은 눈에 띄지 않았다.

나는 질려버렸다. 한 편의 글을 쓴다는 것이 쓰디쓴 고역이고 그렇게까지 혼심의 힘을 들여야 되는 줄 몰랐다. 부끄러웠고 아연했다. 그 후 더 이상 글을 쓰려 하지 않았고, 문청의 꿈도 아예 접어버렸다.

#4

  나의 사춘기였던 고교 시절을 어영부영하다 마감했다. 그 시기는 소년이 성년으로 가는 변곡점이라는데 나는 그것을 완충지대 삼아 장래에 대한 희망도, 포부도, 노력도 없이 순간순간을 방황한 것 같다. 그런 무위한 세월로 불투명하게 다가올 미래가 불안했고, 그때의 현재는 더 허무했는지도 모르겠다.

  고교를 졸업하자마자 나는 숙부 집을 박차고 서울 본가로 돌아왔다. 서울 집에서 일 년을 관철동에 있던 'EMI' 입시학원과 종로에 있던 '르네상스'와 '뒤세네' 등 음악 감상실을 오가며 지냈다. 이듬해 가까스로 이류 대학에 진학했으나 2학년 때 입대해 3년간의 군 복무를 마쳤다. 그 후 내가 천직으로 삼은 공무원으로 사회생활을 시작하면서 겨우 마음을 잡았고 야간대학을 마치게 되었다.

  돌아보면 사춘기 고교 때 착실하게 학업에 주력했더라면 내 삶이 좀 더 윤택해졌을지 모르겠다. 지금보다 지위가 더 높았거나 좀 더 많은 부를 축적했을지도 모른다. 하지만 이

노년의 고갯마루에서 그게 뭐가 그리 큰 의미가 될까. 장미가 화려하다고 해서 더 행복하고 구절초가 소박하다고 해서 불행한 것은 아닐 터이다.

  나는 나의 삶을 사랑한다. 그렇게 쓰고 싶었던 글을 노년에 들어서라도 쓰고 있는 지금이 행복하다. 내 사춘기의 그 연못이 없었다면 가난한 마음에 이만큼의 충일한 삶을 담아 누리지 못할 것이라는 생각이 든다.

드디어 아내가 웃었다

 아주 오래된 사진 속의 시간은 정지되어 있었다. 한 세대도 더 거슬러 오른 서울 인근 S시의 어느 연립주택에서 살던 시절이었다. 박봉의 쪼들린 살림살이였음에도 아내는 딸애 셋과 포마이카 장롱 앞에서 환하게 웃고 있다. 왼쪽 팔은 무릎에 앉힌 막내를 품어 안고 오른쪽 팔은 팔짱을 낀 둘째가 바짝 기대어 있고 그 옆으로 중학생인 첫째가 의젓하게 앉아 있는데 모두가 못 참겠다는 듯이 허리를 꼬며 한바탕 웃어대고 있다.

 아내가 이렇게 웃은 적이 있었던가. 나는 옛 사진들을 더 찾았다. 벽장 박스 속에서 옛날 앨범도 여러 권 나왔고, 비

닐봉지나 하도롱지 봉투에 쌓인 사진도 여러 뭉치 있었다. 그중에서도 아내의 웃는 얼굴을 찾았다. 그녀의 웃는 모습은 주로 스냅 사진 속에 있었고, 아이들과 함께할 때가 대부분이었다.

나와 함께 찍은 사진 중에 아내가 웃고 있는 모습은 없었다. 가족사진을 더 찾아보았다. 목석원이라고 표시된 정문 간판 아래서 찍은 사진이 눈길을 끌었다. 제주도로 단체여행을 갔을 때 찍었던 모양이다. 애들 셋을 가운데 두고 맨 왼쪽에 서 있는 나는 영락없는 독일 병정이고, 맨 오른쪽에 있는 아내도 나무토막처럼 서 있었다. 아이 셋도 꿔다놓은 보릿자루 같았다. 도무지 관광지에서 찍은 사진 같지 않았다.

생각해보니 그럴 만도 했다. 그 시절 나는 집 밖에서는 일꾼이었고, 집에서는 하숙생에 불과했다. 좁은 집에서 아이들이 뛰놀면 시끄럽다고 야단만 치는 폭군이기도 했다.

말단 공무원은 언제나 고달팠다. 처우는 개선되지 않았고 업무량도 많은데, 전망은 어두웠다. 매일 업무 스트레스를 대폿집에서 풀기 일쑤였다. 술꾼 행세를 하며 밤늦도록 노닥거리다가 통금 시간이 다 되어서야 집에 오곤 했다. 월급 봉투는 언제나 반 토막이었다. 아내에겐 면목이 없었다. 그래도 아내는 다소곳했고 불평을 하지 않았다. 언제부턴가 웃지 않았을 뿐이었다.

고교 절친의 누이이던 그녀는 나와 팔짱 한 번 안 꼈고, 손목 한 번 못 잡아 본채로 결혼했다. 바쁜 업무 탓에 신혼여행도 못 갔던 우리는 첫날밤, 커가면서 알게 모르게 서로 마주쳤던 과거 얘기들을 늘어놓으며 밤새도록 오누이처럼 많이도 웃어댔다. 그 이튿날 남산에 올랐다. 엄한 시부모와 깐깐한 시누이가 기다리고 있는 곳, 석양이 번지는 마포 집 쪽을 바라보았다. 순간 내가 중얼거렸다.

"이제 고생문이 훤하게 생겼네."

그런 말을 듣고도 그녀는 웃기만 했다. 본래 잘 웃는 성정인가 보다 했다.

하지만 아내는 처음 겪는 시집살이의 신산한 고비에서 웃음보다 설움이 더 복받쳤을 것이다. 지방 근무로 주말에야 겨우 집에 왔다 가는, 미련한 신출내기 남편은 아내의 설움을 헤아리지 못하였다. 설사 알았더라도 대놓고 아내 편을 들어 줄 주제도 못 되었다.

아내가 첫 유산을 하고 두 번째 임신했을 때 우리는 분가해 나의 임지에서 신접살림을 꾸렸다. 그때 아내는 웃음을 조금 되찾는 듯했다. 그러나 깨가 쏟아지지는 못했다. 나는 여전히 직장 일벌레였고 집에서는 하숙생이었다. 그녀는 먼 부산에서 아는 사람 하나 없는 서울로 시집와서 외로운 신세가 되었다고 가끔 푸념하는 것이 전부였다.

나의 지위가 차츰 오르고, 경제적 형편이 나아졌어도 아내는 치장을 몰랐다. 육아와 교육에 정성을 쏟고 거기서 보람을 찾는 듯했다.

아내는 나에게는 살림밖에 모르는 내자였으나 아이들 마음속엔 수호천사요, 우상으로 자리를 잡고 있었다. 아이들에게 피아노도 가르치고 수학도 가르치는 숨은 재능을 발휘했다. 일상에서 바른생활이 몸에 배도록 거울 역할을 했다. 그런 사랑 때문이었을까, 아이들도 올바르게 잘 자라주었다. 자신들의 학업 성취욕보다 성적표를 보고 기뻐하는 엄마의 모습을 보고 더욱 열심히 공부하는 효녀들이기도 했다.

나는 중년을 지나서야 서울의 중앙부서에 근무하게 되었다. 집행부서와 달리 정책부서는 업무의 패턴이 달랐다. 끊임없이 기획과 연구를 해야 하고 그에 따른 정책자료를 마련해야 했다. 게다가 출장과 특근이 잦았다. 관리직으로 오를수록 일 욕심이 많았던 나는 가정보다 직무에 더 충실했다. 내가 모처럼 집에서 쉴 때도 아내와 나는 소 닭 보듯 할 때가 많았다.

정년퇴임을 하면서 나는 많이 변했다. 집안일에도 신경을 쓰고 아내를 돕는답시고 가사도우미 역할도 자청했다. 하지만 호사다마랄까 아내가 자주 아팠다.

요즘은 병치레가 잦아진 아내의 진료를 위해 수시로 병원에 차를 몰고 다닌다. 이따금 아내에게 서툰 지압을 해주거나 어설픈 요리도 한다. 나의 어쭙잖은 셰프 노릇을 볼 때마다 아내가 웃음을 터뜨리곤 한다. 나도 같이 웃어준다. 결혼생활 중 삼십여 년 동안 웃음을 잃었던 아내가 드디어 웃기 시작한 것이다.

어리어리한 눈으로 껍질 벗은 마늘을 바라보았다. 불빛에 비친 마늘의 속살이 하얗고 뽀얬다. 그것에 참자리 날개 같은 엷은 선홍빛 보늬가 있는 듯 없는 듯 감싸고 있다. 그러고 보니 마늘 한 알 한 알이 젊은 여인의 누드처럼 꽤나 요염해 보였다. '마늘각시'라는 말이 떠올랐다. 그렇게 딱딱하고 쭉정이 같던 껍질들 속에서 이렇게 나긋하고 해맑갛게 생긴 마늘각시들이 줄지어 나오다니! 나는 이들 아리따운 마늘각시에 둘러싸여 짐짓 황홀해졌다.

2

마늘을 까며 •
레드의 얼굴 •
추억의 보물찾기 •
어머니의 초상 •
럭비처럼 쿨한 인생은 없을까 •
안녕하신지, 미즈 트래비스 •

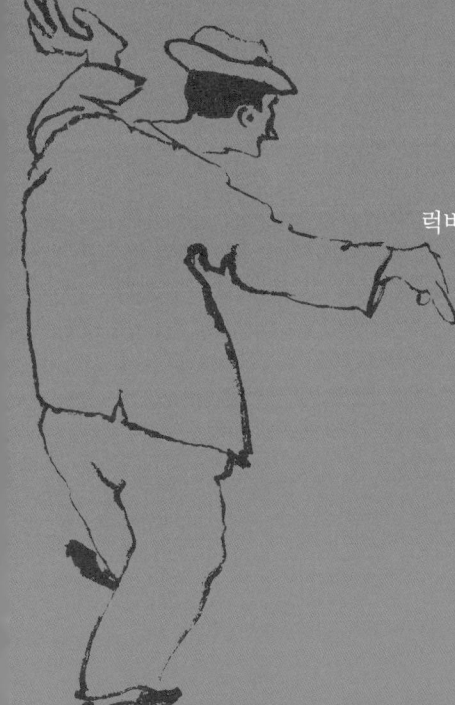

마늘을 까며

글을 쓰다가 도무지 풀리지 않아 마늘을 까기로 했다. 앞 베란다에는 큰 플라스틱 대야에 물에 불린 마늘이 가득 담겨 있었다. 마치 나를 기다리고 있는 듯이 보였다.

며칠 전 아내가 아파트 단지 내 장터에서 마늘을 석 접이나 샀다. 김장과 평소 양념용으로 두 접만 사려고 했으나 나의 건강식용으로 한 접을 더 부탁하여 석 접이나 산 것이다. 세 개의 자루에 담겨 온 통마늘을 베란다에 쏟아붓고 대충 쪼개어 담는데도 상당한 노고가 필요했다.

통마늘은 겹겹이 싸인 비늘줄기로 쪼개기가 어려웠다. 이리 비틀고 저리 비틀어도 까칠하고 빳빳한 것이 좀체 쪼개지지 않았다. 나중에야 터득한 요령이지만 통마늘 꼭지에 나와 있는 종대를 뽑고 좌우로 비틀어 대니 쉽게 몇 조각으로 나뉘어졌다. 마치 중심축이 흔들리면 와해하는 우리네 집단 생리와 닮았다. 거칠게 찢긴 채 붙어 있는 밑동 뿌리를 떼어 내고 낱낱이 분리된 쪽마늘을 대야에 담고 물을 부어 놓았다. 베란다 바닥은 온통 마늘 겉껍질과 잘린 뿌리와 종대들로 허섭스레기 더미가 되어버렸다.

 이제 본격적으로 마늘 껍질을 벗겨야 한다. 쪽마늘 하나하나는 짱짱한 껍질로 중무장하고 있다. 마치 진시황릉의 병마용 군병처럼 비슷하나 모양이 제각각이다. 몇 개를 만져보니 외피가 매끈하고 단단한 것이 인간으로 치면 바늘 끝도 안 들어갈 벽창호 같다. 애초에 같은 통속의 비늘줄기 속에서 한 뿌리로 붙어 자랐으면서, 서로 상종도 하지 않고, 감옥의 독방 같은 제 껍질 속에서 각기 지내다가 인사도 없이 뿔뿔이 헤어진 놈들이다. 그런데 이런 독한 놈들의 밀착된 껍질을 일일이 벗기려 하니 참 난감했다.

 마늘을 손쉽게 몰아서 까는 방도가 있나 하고 인터넷으로 검색을 해보았다. 여러 가지 기발한 방법들이 소개되었다.

우선 전자레인지를 이용하는 방법인데 통마늘 밑동 뿌리를 잘라내고 전자레인지에 넣고 30초 정도 돌린 후 손으로 누르면 속 마늘이 잘 빠진다는 것이다. 또 다른 방법은 공기압축기를 이용하는 것인데, 이것은 쪽마늘 밑을 자르고 양동이에 넣고 끝이 긴 컴프레서로 불어대면 거짓말처럼 마늘 껍질이 벗겨져 날아간다는 것이다. 심지어는 드럼세탁기를 동원하는 방법도 있었다. 물에 불린 마늘을 세탁기에 넣고 2~3분 탈수시키면 제법 잘 까진다는 것이다. 대량으로 깔 때의 방법이란다.

좀 생뚱맞게 보이기는 하지만 아내에게 전자레인지를 이용하는 방법은 어떠냐 했더니 생마늘을 익혀 버릴 일 있느냐며 펄쩍 뛰었다. 역시 마늘은 힘들고 더디더라도 손으로 까는 것이 제격이고 제맛이 날 것이라는 생각이 들었다.

아내가 마늘 까기의 시범을 보였다. 유연하고 거침없는 그 솜씨를 경탄의 눈길로 바라보았다. 우선 마늘 뿌리가 있던 그루터기 끝을 칼끝으로 찝어 껍질을 벗겨 내리는 것이다. 그러나 내가 해보니 그렇게 쉽게 벗겨지지가 않았다. 반드시 껍질의 결을 타야 벗겨지고, 잘 벗겨지지 않는 쪽은 여러 번 돌려가면서 섬세하게 끊어진 결을 찾아 잘 짚어야 마저 벗겨진다는 것을 알았다. 바나나 껍질처럼 쉽게 벗겨진다면 얼마나 좋으랴. 작업이 서툴고 굼뜨니 따분하여 한숨이 나오는데, 빨리 까지 않고 뭐하냐는 아내의 꾸중이 시퍼렇다. 그러고서 아내는 허리가 아프다고 방석 위에 누워버렸다.

껍질에서 빠져나온 마늘이 말간 빛을 내며 또 다른 바구니에 소보록해져 갔다. 수그린 채 혼자서 한참 까다 보니 나도 허리가 아프기 시작했다. 손톱 끝이 아리고, 매운 마늘 냄새에 재채기가 나고, 눈물인지 콧물인지 쏟아져 나올 것 같았다. 마루 위에 방석을 깔고 누워버렸다.

저녁때 아이들이 돌아왔다. 사지死地에서 원군을 만난 듯 반가웠다. 아이들의 마늘 까기 솜씨는 내 수준을 넘지 못했다. 그래도 애들의 합세로 자줏빛 플라스틱 용기에 하얀 마늘이 쌓여 가는 것을 보니 뿌듯해졌다. 그런데 아내는 아이들에게 내일 아침 일찍 출근해야 하니 그만 자라고 했다. 애들은 머뭇거리다가 각기 제 방으로 사라졌다. 건강이 좋지 않은 아내도 얼마 버티지 못했다. 아내가 떠맡아 온 힘든 일들을 이제는 퇴역 백수인 내가 감당하기로 한 터라 버티기로 했다.

잠시 쉬면서 어리어리한 눈으로 껍질 벗은 마늘을 바라보았다. 불빛에 비친 마늘의 속살이 하얗고 뽀얬다. 그것에 잠자리 날개 같은 엷은 선홍빛 보늬가 있는 듯 없는 듯 감싸고 있다. 그러고 보니 마늘 한 알 한 알이 젊은 여인의 누드처럼 꽤나 요염해 보였다. '마늘각시'라는 말이 떠올랐다. 그렇게 딱딱하고 쭉정이 같던 껍질들 속에서 이렇게 나긋하고 해말갛게 생긴 마늘각시들이 줄지어 나오다니! 나는 이들 아리따운 마늘각시에 둘러싸여 짐짓 황홀해졌다. 아내는 옆에서 코를 골며 자고 있었다. 은밀한 이 기분, 얼마만의 낭만인지 몰랐다.

바야흐로 나의 마늘 까기는 준령을 넘어 도원경에 들어섰다. 밤늦게 마늘 까기를 마무리하며 마치 인생에서 어려운 고비를 넘기고 달콤한 보람을 맛보는 듯한 기분에 취했다.

레드의 얼굴

 얼마 전 전철에서 옛 친구를 만났다. 그는 나를 알아봤는데 나는 그를 몰라봤다. 도통 기억이 나지 않았다. 그가 어릴 적 별명을 대며 학창 시절의 일화들을 늘어놓았을 때에야 그의 옛날 모습이 떠올랐다.

 그와 나는 중학교 때 같은 반 친구였고 대학 시절까지 가끔 만난 사이였다. 그의 해말쑥하면서도 생기발랄했던 모습, 선해 보였던 눈매는 찾아볼 수 없었다. 거무스름하게 굳어진 검버섯 얼굴을 하고 어색한 듯 앉아 있는 모습이 영락없는 노인이었다. 치켜뜬 눈초리는 날카롭게 보여 더욱 낯설게 느껴졌다. 충격이었다. 문득 영국작가 서머싯 몸의 단편 〈레드Red〉가 떠올랐다.

남태평양 사모아군도 어느 섬에 어린 미국 해군 한 명이 탈영해 들어온다. 그의 이름은 레드. 불꽃같이 붉은 머리를 가졌다 해서 레드라 불렸다. 큰 키에 수려한 용모, 그리스 신과 같은 균형 잡힌 몸매를 지녔던 그는, 아리따운 토착민 처녀 샐리를 만나 첫눈에 반하게 되고, 빈 오두막에서 함께 살게 된다. 그들은 에덴과 같은 그 섬에서 아가위 향기처럼 소박하고 순수한 사랑을 꽃피운다. 꿈같은 일 년이 지났을 때 레드는 해안으로 나갔다가 선원이 부족했던 영국 포경선에 납치되고 만다.

그로부터 30여 년이 지난 해에, 이 섬을 지나치던 외항선이 근처에 닻을 내리고 선장이 홀로 이 섬에 오른다. 큰 키에 비만 체구, 붉고 흠집투성이의 얼굴에 눈, 코, 입은 비계 같은 살 속에 묻혔고, 뒤통수에 흰 머리털이 남아 있는 대머리였다. 뚱뚱한 배를 내밀고 이 섬에 물건 거래의 일로 어떤 사람을 찾아가는 길이었다. 바로 이 선장이 샐리가 꿈에도 잊지 못하던 레드였다.

샐리는 레드를 그리며 5년간 기다리다 그 그리움을 간직한 채 어느 백인의 아내가 되어 있었는데, 남편의 길손으로 우연히 집에 들른 레드와 마주쳤으나 알아차리지 못한다. 레드도 그녀를 무심히 보고는 그 집을 떠난다.

결국 이 얘기의 요지는 그렇게도 긴 세월 오매불망하던 옛 애인을 그녀의 집에서 맞닥뜨렸는데도 너무 변한 모습에 몰라보고 지나쳤다는 것이다. 무엇이 그를 그토록 변모시켰을까. 한 사람의 인생이 어느 한 시점에서 과거와 180도 다른 굴곡진 삶으로 엮어진다면, 그의 가치관과 품성도 그에 따라 변환되기도 하고, 그 얼굴도 딴판으로 바뀌기도 할 것이다. 레드의 얼굴이 그러한 단면을 제시해주고 있다.

그가 고래잡이배에 납치된 후 뱃사람으로서 여러 배를 거치며 외항선의 선장이 되기까지 그 오랜 기간의 삶은 파란만장하였을 것이다. 처음에는 질곡 같은 선원 생활에 절망도 했겠지만 차츰 마도로스 생활에 적응하면서, 잦은 환락과 속된 욕망 그리고 선상 생활의 숱한 갈등과 싸움 등으로 그의 마음은 거칠 대로 거칠어지고 영혼은 타락해 간 것이 아닐까. 샐리와 섬에서 맺었던 과거의 사랑은 한갓 티끌처럼 하찮게 여겨졌을지도 모른다.

　얼마 전 전철에서 만났다 헤어진 그 친구의 이야기를 얼핏 들은 적이 있다. 군 복무를 특수부대에서 마쳤고, 대학 졸업 후 사회생활을 시작할 즈음에 어떤 사건에 연루되어 곤경을 치른 일이 있었고, 한동안 잠적 후 오랫동안 특수 기관 요원으로 국내외에서 암약했다는 것이다. 그 임무를 수행하는 동안 보통 사람으로는 상상할 수 없는, 그야말로 사선을 넘나드는 숱한 고난을 겪었을 것이다. 그는 오직 조직 구성원으로서 친지들과는 고립무원의 삶을 보냈고, 지금은 동창들도 몰라보는 얼굴을 하고 살고 있을 것이다. 전철에서 만났을 때 그의 눈매와 이마에서 냉철한 기운 같은 것이 번뜩였던 것이 지금도 기억난다. 그를 생각하면 가슴이 아려오는 기분이 된다.

　저마다 고유의 얼굴을 가지고 태어난다. 그 얼굴은 나이를 먹으면서 삶의 형태와 운명에 따라 변하게 된다. 이면에 가려진 대뇌신경과 감정과 심경心境 작용이 순간순간 표정으로 나타나 숱한 세월 속에 얼굴 모습도 변용되기 때문이다. 그래도 대부분의 사람은 원래 자기 모습의 흔적을 일생 얼굴에 담고 산다. 가까웠던 사람도 몰라볼 정도로 변한 레드나 내 친구는 자신의 정체성마저 잃은 것은 아닐까.

반면 질곡의 세월을 통과하면서도 자신의 정체성을 잃지 않는 사람들도 더러 있다. 내 주변의 어떤 여인은 구김살 없이 자라 결혼했지만 하루아침에 청상과부가 됐다. 온갖 풍상을 겪으면서도 자식들을 올바르게 키워 성공시켰다. 질곡의 세월을 사노라면 옛 모습도 흔적 없이 지워졌으련만 그녀의 얼굴은 여전히 요조숙녀의 흔적이 남아 있고 구김살이 없다. 비록 주름은 졌지만 결혼할 무렵의 고운 모습을 고대로 간직하고 있다. 나는 그녀를 볼 때마다 고매한 인생의 향기를 맡는다.

거울 앞에서 내 얼굴을 들여다보았다. 오욕칠정, 희로애락에 매달려 온 얼굴, 거기에는 여러 모델들이 겹쳐 보였다. 그중에 레드의 추해진 모습도, 전철에서 만났던 친구의 차갑게 굳어진 얼굴도 보였다. 지금껏 살면서 삶의 가치를 추구하기 위해 내가 제대로 마음을 다스려왔던가.

표정은 얼굴 근육의 움직임뿐만 아니라 내면의 표출이라고 흔히들 말한다. 표정의 가짓수가 약 7천여 개라는데 나는 주로 어떤 표정을 지으며 살아왔을까. 마음대로 되는 것은 아닐 터이지만 어떤 삶을 살더라도 '레드의 얼굴'은 되지 말아야겠다는 생각이 들었다.

추억의 보물찾기

  종로3가에서 문학회 모임을 마치고, 혼자 낙원상가에 있는 실버극장에 갔다. 고교 때 보았던 영화 〈가극왕 카루소〉가 문득 향수처럼 떠올라서였다. 그런데 그 영화는 안산에 있는 '명화극장'이란 곳에서 상영 중이라 했다. 안내 프로그램을 잘못 본 탓이었을까. 영화 제목도 원래의 타이틀이 〈위대한 카루소Great Caruso〉였다. 내친김에 안산까지 원정 관람 가기로 했다.

  요즘 들어 시내 영화관에도 잘 가지 않던 내가 돌발행동을 한 것이다. 그것은 '엔리코 카루소'라는 주인공에게 이끌려서였다. 부산에서 고교 시절 학생 단체 관람으로 그 영화를 보았던 것 같다. 테너 '마리오 란자'가 카루소 역으로 나왔고, 그의 늠름한 체구에서 뿜어져 나오는 성량 역시 대단했던 것으로 기억된다.

안산행 전철을 타고 가면서 영화에 빠져 지냈던 그 시절을 회상했다. 그때 본 영화의 명장면들이 스치고 지나갔다. 한때 공부보다 영화에 더 심취했던 나는 수업을 빼먹고 개봉영화를 보러 가곤 했다. 그 당시 개봉되는 영화는 한 개봉관에서만 상영했다. 영화를 본 이튿날, 교실에서 친구들에게 영화 팸플릿을 펼쳐 보이며 자랑했다.

미국 서부영화가 유난히 기승을 부렸던 시절, 존 웨인이 나오는 〈역마차〉, 게리 쿠퍼가 나오는 〈하이눈〉, 애런 래드가 나오는 〈셰인〉 등이 우리를 들뜨게 했다. 이들 서부극의 마지막 장면들, 열혈 주인공이 비루한 악당을 전광석화처럼 처치하고 어디론가 떠나가는 장쾌한 라스트신은 주제 음악과 함께 긴 여운을 남겼다.

〈스카라무슈〉라는 검객영화에 푹 빠져 몇 번이고 다시 본 적도 있었다. 스튜어드 그랜저와 멜 화라가 극장 안에서 맞닥뜨려 무대와 로비, 계단, 발코니, 객석을 휩쓸고 다니며 혈투를 벌였던 검술 장면은 그야말로 스릴과 박력이 넘쳐 흘렀다. 그 동작들이 지금도 생생히 떠오른다. 그때 나는 그 영향을 받아서 펜싱을 무척 배우고 싶어 했다.

안산역에서 내리니 명화극장이란 곳은 그보다 두 정거장 못 미친 중앙역 부근에 있어 찾는 데 애를 먹었다. 역 맞은편 빌딩 지하 극장에 들어서자 마침 〈위대한 카루소〉가 시작되었다. 영화는 한 시대 뒤처진 초기의 총천연색 화면, 매끄럽지 못한 음향으로 진행됐으나 내겐 부풀은 추억을 담아 오는 애드벌룬처럼 다가섰다.

자막에 나오는 주연이 마리오 란자와 안 브라이스. 여주연 안 브라이스는 당시 뮤지컬 영화 〈황태자의 첫사랑〉, 〈로즈마리〉 등의 여러 영화에 나왔던 인기 히로인이었다. 무엇보다 감독이 '리처드 소프'라는 것도 반가웠다. 그동안 잊혔던 왕년의 명감독을 여기서 만나다니. 그가 만들었던 영화들 〈흑기사 아이반호〉, 〈원탁의 기사〉가 떠올랐다.

영화는 불세출의 테너 가수 카루소의 일대기를 펼쳐 나갔다. 그가 출연했던 많은 오페라 장면들이 펼쳐지고, 내가 좋아하는 오페라 아리아도 많이 나왔다. 대학 시절, 카루소의

SP 음반을 소장하고 이를 유난히도 자랑하던 선배가 그의 방에서 해설을 곁들여 마냥 들려주던 곡들이었다.

그중에서도 오페라 〈팔리아치〉에서, 참담한 슬픔과 분노를 안고 절규하듯 부르는 어릿광대의 아리아 '의상을 입어라'는 가히 절창 중의 절창이었다. 그리고 〈사랑의 묘약〉에서 짝사랑의 성취에 감읍하며 그윽이 부르는 얼뜨기 시골 총각의 〈남몰래 흐르는 눈물〉, 그 서정적 아리아는 숨이 멎을 정도로 가슴 저미게 했다. 인간의 목소리가 최상의 악기라는 베토벤의 말이 실감나는 순간이었다.

카루소의 인간적인 편린도 여기저기서 보였다. 인기가 오를수록 겸손하고, 한번 맺은 인간관계는 끝까지 의리를 지키고, 그를 필요로 하는 곳이면 어디든 달려가서 성심껏 노래를 불러주는 소탈함도 돋보였다. 그렇게 수더분한 인품 덕에 그는 더 만인의 사랑을 받은 것 같았다. 그런 실례를 제대로 보여주는 한 장면이 있었다.

카루소가 한창 열창하고 있는데 무대 옆 쪽문을 통하여 매니저로부터 'It's a girl'이라는 피켓 사인을 받게 된다. 그의 딸 순산 소식이었다. 초조했던 얼굴엔 웃음꽃이 활짝 피었고, 무대 출연진과 제작진들 그리고 오케스트라 단원들이 이를 알게 되자 모두가 환호하며 기뻐했다. 그 소식이 발코니를 넘어서 위아래 층의 모든 관객에게 릴레이식으로 전달되자 객석 전체가 온통 축하의 도가니로 술렁거렸다. 그러는 와중에도 오페라는 순조로이 진행되고 있었다.

카루소는 40대 후반 젊은 나이에 무대 위에서, 각혈을 손수건에 감추면서도 노래를 끝까지 부르다 쓰러졌다. 주치의가 휴식을 강하게 권고했으나 지병인 복막염을 참으며 약속된 스케줄을 강행했다. 최선의 연주를 위해 성대를 혹사했고, 연속된 세계연주 여행으로 과로가 겹쳤을 것이다. 그의 음악 인생은 그렇게 막을 내렸다.

〈위대한 카루소〉 영화가 끝났다. 엔딩크레딧이 올라가는 동안 얼마 안 되던 관람객도 떠나고 영화관에는 몇 사람만 남았다. 나처럼 멀리서 그 영화를 보러 왔다는 사람도 있었고 어제오늘 연달아 온 사람도 있었다. 안산까지 와서 카루소 영화를 보았다는 사실이 나에겐 큰 축복이었다. 카루소의 인생에서 많은 교훈도 받았다.

금아 선생은 옛날을 추억하지 못하는 사람은 감추어진 보물의 장소를 잊은 사람과 같다고 했다. 내 과거 속에 자수정처럼 알알이 박혀 있는 체험의 기억들. 그들은 비단 흘러간 영화에서만 있는 것이 아닐 것이다. 그 기억들은 아침 햇살처럼 다사로웠던 유년기, 석류 속처럼 알알이 싱그러웠던 사춘기, 그리고 다방커피처럼 달고 쓰고 끈적끈적했던 청장년기가 각각의 파일 속에 저장되었을 것이다. 노년에 접어든 이즈음 일상 속에서도 가뭇없이 사라졌다 떠오르는 기억의 파편들…. 감춰둔 추억의 보물을 찾으러 나는 자주 떠날 것이다.

어머니의 초상

1.

 스무 해 전에 돌아가신 어머니의 모습은 두 가지의 이미지로 남아 있다. 하나는 정화수를 떠 놓고 기도를 드리는 촌 아낙네의 모습이고, 또 하나는 자식들을 먹여 살리기 위해 팔을 걷어붙이고 장사꾼으로 나선 억척같은 아줌마 모습이다.

 어머니의 성함은 김상달金上達이시다. 경남 삼천포시 향촌동에서 3남 3녀 중 셋째로 태어났다.

 내 어릴 적에 삼천포시에서 고성 쪽으로 난 신작로를 걷노라면, 십여 리쯤에서부터 갈림길이 나왔다. 바로 왼편 길목에는 우리 큰집이 있는 봉남리 마을이 있고, 오른편으로는 멀리 남해안의 바닷가 못미처 외가가 있는 향촌리 마을이 보였다.

외갓집 대문에 들어서면 행랑채와 사랑채가 있었고, 그 너머엔 안채가, 동편으로는 외할아버지가 서당을 여시던 별채가 있었다. 봉남리 큰집에는 연중 몇 번씩 치르는 제사 때문에 온 가족이 자주 갔었고, 향촌리 외갓집에는 몇 번인가 어머니를 따라가서 자고 오기도 했다.

어머니는 외갓집에 가시면 새벽녘에 향나무가 있는 동네 우물에서 갓 길어온 정화수 한 그릇을 장독대에 올려놓고 손을 비비며 열심히 중얼거리며 기도하셨다. 저녁 석양이 질 무렵에도 그랬다. 기도하는 자세는 평소의 모습과는 사뭇 달랐다. 나는 지금도 황매화가 어우러진 기와 담장 밑에서 이를 지켜보던 아련한 기억을 가지고 있다.

그 무렵 시내에 있는 우리 집에서는 트럭 두 대로 운송업을 하면서 한쪽에는 건어물과 잡화 도매업을 하는 큰 가게를 가지고 있었다. 가게는 어머니가 운영하셨고 아버지는 화물 운송을 맡으셨는데 며칠씩 집을 떠나 있는 날이 많았다. 그럴 때도 아침저녁 뒤뜰에서의 기도는 거르지 않은 어머니의 의식이었다. 어떤 때는 가겟방에서 소반 위에 접싯불을 켜놓고 꿇어앉아 기도하시기도 했다.

그 집에서 일곱 남매가 어울려서 살았다. 내 위로 누나가 셋, 형이 하나 있었고 바로 밑에 남동생과 여동생이 있었다. 남동생은 겨우 걸음마를 하던 나이에 천연두를 앓다 죽었다. 가족의 평안과 남편 사업의 무탈을 기원하는 어머니의 치성은 6·25전쟁이 터질 때까지 지속되었다.

2.

어머니는 전형적인 남존여비의 외갓집 가풍에 따라 어려서부터 집안일만 하고 소학교도 못 다니셨다. 반면에 외삼촌들은 중등학교 교육도 받았을 뿐만 아니라 어머니 바로 아래 외삼촌은 일본 대학에 유학까지 했다.

아버지는 외조부의 서당에서 큰외삼촌과 같이 동문수학을 했다. 서당에 다닐 때, 큰외삼촌과 안마당에 들어와 제기차기 놀음을 하면서 어머니와 가끔 마주쳤다고 했다. 아버지는 키도 크고 얼굴도 잘생겼기에 어머니는 안채에서 눈여

겨보곤 했다고 한다.

어머니는 아버지와 결혼하고 나서 혹독한 시집살이를 했다. 고모님들 말씀에 따르면 어머니는 할머니의 극성스러운 타박과 지청구를 다 받아 삭이면서, 눈이 어두운 큰어머니를 대신하여 대가족을 바라지하면서 큰집 대소사를 도맡아 잘 치르셨다고 했다.

내가 태어날 때 새벽에 어머니는 어찌 된 셈인지 혼자서 산통을 치르고, 태를 자르고, 미역국을 끓여 먹고 나니 새벽닭이 울었다고 했다. 할머니는 그것도 모르고 아침 준비를 하지 않는다고 구석건넌방을 향해 버럭 역정을 내셨다고 했다. 요즘 같으면 도무지 있을 수 없는 얘기다.

할머니가 할아버지 뒤를 이어 돌아가시고 난 후에야 우리 집은 분가해서 삼천포 시내 중심가에 자리 잡았다. 그때부터 어머니는 우리 가족만의 안위를 챙기는 주부가 되었다. 그리고 목이 좋은 우리 집 점포를 이용하여 장사꾼으로 변신하신 것이다.

아버지는 원래부터 농사일보다 놀기를 좋아하셨다. 옛날 앨범에는 아버지가 부여의 낙화암, 개성의 박연폭포, 금강

산의 만물상 등을 배경으로 포즈를 잡고 찍은 흑백사진이 여러 장 있었다. 그때의 아버지는 곱슬머리에 지금 보아도 어색하지 않은 세련된 콤비 차림의 멋쟁이셨다.

3.

 어머니는 언제부턴가 아버지의 운송업에도 손을 대기 시작했다. 그에 따라 어머니의 가게 사업도 차츰 규모가 커졌다. 맞은편 공지에 마련한 임시 창고에는 건어물 등 상품들이 많이 쌓였다가 비워지곤 했다. 아버지는 두 대의 트럭으로 진주, 하동, 의령 등지로 번갈아 가며 화물을 실어 날랐다. 운송 화물은 주로 해산물이었고, 돌아올 때는 농산물을 받아오기도 했다.

 사업의 일감은 주로 아버지의 친구인 '실안리 배상'이라는 사람이 주선했는데 여러 척의 어선을 가지고 그 일대에서 수산업을 주름잡는 큰손이었다고 한다. 눈이 서글서글하고 활달하게 생긴 그는 아버지보다 어머니와 더 손발이 잘 맞는 사업 파트너였다.

 화물차는 일제 목탄차였다. 운전석 뒤 짐칸에 붙은 난로 같은 화통에 장작으로 불을 때고 연기를 내며 다녔는데 속도가 느리고 비탈길을 오를 때는 헉헉거리듯 힘들어 했다. 그래서 사천, 진주, 고성 등 평탄하고 가까운 지역으로만 왕래하였지만, 운영하는 재미는 꽤 쏠쏠했다고 한다.

목탄차는 몇 년이 지나자 노후되어 시동이 자주 꺼지곤 했다. 운전사는 액셀러레이터를 밟고 조수가 리을(ㄹ) 자 모양의 스타칭이라는 쇠꼬챙이를 앞 범퍼 쪽, 엔진에 연결된 구멍에 꽂은 다음 힘껏 돌려야 시동이 걸렸다.

어느 날 초등학생이었던 형이 호기심이 발동했던지 조수한테 도움을 청해 이를 시도하다가 시동이 걸리면서 회전하는 스타칭 끝이 바지춤 아래에 걸려 반 공중제비를 하면서 나가떨어졌다. 하마터면 우리 집 장남의 불알주머니가 찢겨 날아갈 뻔했다며 일장 소동이 일어났다고 했다.

해방 후 어머니는 휘발유 차를 추가로 사들였다. 미제 포드 차였는데 둔탁한 목탄차에 비해 엔진 소리가 경쾌하고 성능도 월등히 좋아 경남에서 제일 좋은 차라는 좀 과장된 명성이 붙을 정도였다. 아버지는 신이 나서 그 차로 함양, 산청,

거창, 합천까지 험하고 먼 거리를 휘젓고 다니셨다 한다.

그런데 포드 차는 경찰에게 빈번히 징발을 당했다. 당시 여수 순천 반란 사건 이후, 지리산으로 도주했던 반란군과 빨치산을 소탕하기 위한 경찰 병력을 수송하느라 힘이 좋은 우리 차가 자주 동원되었다. 보상도 제대로 못 받고 우리 집 운송업도 차질을 빚자 어머니는 경찰서장을 찾아가 강하게 항의하기도 했다는 것이다.

포드 차는 야간에 빨치산들이 도로에 깊숙이 파놓은 구덩이에 앞부분이 곤두박이기도 했고, 그들이 숲속에서 쏘아대는 총탄으로 차의 보닛에 구멍이 나기도 했다. 다행히 소탕 작전이 끝나 우리 차는 집으로 돌아올 수 있었다.

저녁때 포드 차의 엔진 소리가 들리면 밥을 먹다가도 집 밖으로 뛰어나갔다. 아버지는 차에서 내리시며 생과자나 센베이 같은 꾸러미를 우리에게 한아름 안겨주곤 했다. 그리고 운전사는 베자루를 들고 들어와 가겟방 한가운데 구겨진 잔돈 지폐와 동전을 쏟아부었다.

그 당시 정기 버스가 없던 시골길을 빈 트럭으로 돌아올 때는 뒤 짐칸에 수시로 승객을 태우고, 소화물도 실어주고 받은 운임이었다. 식구들은 빙 둘러앉아 동전은 열 개씩 쌓아놓고 지폐는 단위별로 가지런히 묶어 늘어놓으면 어머니가 챙기셨다.

이따금 아버지가 사업을 게을리하거나 딴전을 부릴 때는 어머니가 힘들어 했다. 어느 날은 저녁을 드시는 아버지께 어머니가 전에 없이 심한 불평을 늘어놓자, 아버지는 그만 밥상을 엎어버리고 차를 타고 나갔다. 그리고 며칠 후에 집에 들어오면 어머니는 아무 말 없이 아버지를 맞았다. 지금 생각해보면 기도로 마음을 다스리신 것 같다.

4.

어머니는 우리에게 좋은 일이 생기거나 나쁜 일을 면하게 될 때는 언제나 말씀하셨다.

"그기 다 돌아가신 니 할무이 덕인 기라."

"할메가 니들 돌보고 있데이."

"니 할메가 액때미 해주신 기다!"

생전에 자신을 모질게 구박하던 시어머니를 우리 식구들

의 수호신으로 모시는 어머니의 철학이 그 무슨 패러독스인지 알 수 없었다. 돌이켜보면 어머니에게 신기한 점이 한둘이 있는 게 아니었다. 어머니의 뛰어난 사업 수완도 그 가운데 하나였다. 어떻게 교육도 안 받은 문맹에다 시골에서 집안 살림만 했던 분이 다른 지역 여러 곳에 거래처를 두고 규모 있게 장사를 할 수 있었는지. 큰 계약을 할 때는 금액을 또박또박 한글로 쓰게 하고 커다란 주판알을 굴려 셈을 따졌다 한다. 큰누나에게서 띄엄띄엄 배워 깨친 한글 실력을 실전에 십이분 활용하셨으리라.

어머니는 여수 등 전남지역으로 죽방멸치를 배 가득 싣고 가서 통째로 팔아넘기기도 했고, 그곳에서 홍주 같은 명주를 모아 삼천포항에 싣고 와서 도매상에 넘기기도 했다. 아버지가 안 계실 때는 삼천포 선착장에서 직접 수산물을 매입하여 내륙지역 거래처로 넘겨주고 대금을 받아오셨다고 했다.

아담한 체구였지만 어머니는 다부지고 옹골찬 기운이 서려 있었고 배우지 못했어도 예사롭지 않은 슬기와 안목을 가지고 일을 처리했던 것 같다.

일제 말기 때 어머니가 걸음마도 떼지 못하고 기어 다니는 어린 나를 등에 업고 일본에 가 외할아버지를 만나 담판하다시피 해서 장사밑천을 얻어 온 일화가 있다. 자신의 아버지께 들이댄 담판 내용은 자신이 딸자식이라고 해서 학교 교육을 받지 못했던 부당함과 억울함이었다고 한다. 당시 외조부께서는 향촌리 서당을 접고 일본으로 건너가 요식업을 크게 해서 돈을 많이 모으셨다. 결국, 외조부께서는 미안했다는 말씀과 함께 선뜻 거금을 내주셨다는 것이다. 어머니는 돌아와 그 돈으로 포드 차도 더 샀고 거래처도 넓혔다.

어머니는 배우지 못한 것을 평소에 한으로 삼았다. 자신이 중학교만 나왔어도 사업가로서 크게 성공했을 것이라고 되뇌곤 하셨다. 자식들에 대한 교육열이 남달랐던 점도 이러한 한에서 비롯된 것이었으리라.

8·15 해방 후 혼란기에도 큰누나는 서울에, 둘째누나는 진주에 유학을 보냈다. 형님과 작은누나 그리고 나는 초등학교에 다닐 무렵이었다. 그리고 우리들 교육과 장래를 위

해 서울로 집을 옮겨야 한다고 주장하여 아버지와 갈등을 빚기도 했다.

5.

결국 어머니는 서울에서 사업 터전을 잡은 작은외삼촌의 알선으로 서울 집을 장만하고 이사를 했다. 그러나 서울 살림이 자리도 잡기 전에 6·25전쟁이 터졌다. 작은외삼촌은 어머니가 애써 모았던 많은 자금을 건설업에 끌어다 썼고 전쟁통에 사업이 망하게 되었다. 우리 집도 빈털터리가 될 수밖에 없었다.

미처 피란을 못 갔던 우리 집은 인민군 치하에서 자동차는 몰수당하고 아버지와 형님은 의용군 소집을 피하여 피신했고, 먹을 것이 바닥나 식구들이 굶게 되자 어머니는 집에 있던 돈 될 만한 물건들을 머리에 이고 멀고 가까운 곳을 가리지 않고 다니며 식량을 구해 오셨다. 무덥던 그해 여름에는 오랜 가뭄으로 수위가 낮아진 한강의 얕은 곳을 골라 건너다니시기도 했다.

한번은 여의도 벌판으로 어머니와 내가 땅콩을 캐러 갔다가 근처에 있던 여의도 소형비행장을 미군 비행기가 기총소사하며 폭격하는 바람에 총탄과 파편이 비 오듯 쏟아졌다. 여기저기서 비명소리가 들려오는데 어머니는 물꿩이 새끼를 품듯 온몸으로 나를 덮쳤고, 내가 머리를 내밀지 못하도록 윽박질렀다. 다행히 어머니도 나도 무사하였지만, 그때의 어머니는 자식을 위해 자신의 몸을 초개같이 버리려는 모습을 보이셨다.

중공군이 밀려 내려오던 1·4 후퇴 때는 경기도 화성지역 마도면으로 피란을 갔다. 서울로 수복할 때까지 몇 년 동안 그곳 농가에 방 한 칸을 빌려 정착을 하고 어머니는 서울 집 대청 마루방에 있던 그릇, 피륙, 옷가지 등을 백여 리가 넘는 곳까지 줄기차게 퍼 날랐다. 심지어는 재봉틀까지도 이고 오셨다. 어머님의 고생 덕택으로 그 어렵던 전쟁통에도 우리 식구들은 한 끼니도 거르지 않았다.

휴전으로 전쟁이 소강상태가 된 지 얼마 후에 우리 집은 서울로 돌아왔다. 어머니는 서울 마포 도화동 폐허가 된 집터에 잡화가게를 열고 한동안 주변에 생긴 벼룩시장에도 참여했다. 마포 전차 종점 부근이라 행인들이 붐비고 장사가 잘되었다. 집도 새로 지어 방들을 세놓았다. 하지만 어머니의 전성시대는 거기까지였다. 지나친 고생으로 허리와 무릎에 통증이 생겨 운신하는데 힘들어 하셨다. 자신의 주장으로 서울로 집을 옮겨 가산을 날리고 자식들 장래희망까지 불안해지는 형편이 된 회한 때문인지, 속병에다 심장병까지 겹친 골병으로 병치레가 시작된 것이다.

6.

아버님은 어머니가 벌여놓은 사업을 제대로 수습하지 못했고, 결국에는 어머니 병시중에 매달렸다. 그 와중에서도 누나들과 형님 그리고 여동생은 학교를 마치고 결혼하여 일가를 이루었고, 나 역시 결혼하여 한동안 부모님을 모셨으나 공무원으로 지방에 근무하게 되면서 서울 집엔 아버지와 어머니 두 분만이 있게 되었다. 그때 서울에 있던 누님들은 자주 찾아뵈었으나 나는 그러지 못했다. 어머니가 혼자서 거동이 불편한 상태에 이르자 인천에서 교편을 잡고 있던 형님이 모시게 되었다.

그 후 어머니는 거의 10여 년을 넘게 자리보전하다시피 하며 지내셨는데 아버지의 헌신적인 보살핌이 눈물겨울 정도였다. 아버지는 늙어서야 젊은 날에 가장으로서 최선을 다하지 못하고 어머니 속만 썩였던 점에 대해 속죄하는 듯했다. 어머니 병세가 악화될 때는 발을 동동 구르며 애태워 하셨는데, 뜻밖에 폐렴으로 어머니보다 몇 해 먼저 돌아가셨다.

자식 도리를 제대로 했더라면 가슴이 덜 미어졌을까. 서울 집에서 아버지 어머니 두 분이 사실 때나 인천 형님 집에서 몸져누웠을 때나 박봉에 먹고살기 어렵다고 용돈도 넉넉히 부쳐 드리지 못했고, 지방에 거주하다 보니 자주 찾아뵙지 못한 것이 내내 회한이 되었다.

어머니의 모습은 지금도 내 마음속에 남아 있다. 젊을 적에는 피마자기름을 발라 참빗으로 곱게 빗어 올린 머리에 작은 은비녀를 꽂으셨다. 하얀 피부에 오목조목하게 생긴 얼굴이었는데 중년의 나이를 넘기면서 살갗이 거무스름해지고 잔주름이 생겼다. 허리가 약간 굽었으나 야무지고 반듯한 기품은 잃지 않으셨다.

노년에 들어서 병고에 휩쓸리자 달리기를 포기한 철마처럼 순명하는 모습을 보이셨다. 왕년에 불타던 그 염원과 투혼은 화통 같았던 속에서 까맣게 탄 채로 재가 되지 않았을까. 말년에는 쇠잔한 모습으로 조용히 지내셨다.

7.

어머니가 임종하시는 날 나의 이름을 부르며 자꾸 찾으신다 했다. 나는 당시 동해안의 K대학에 근무하고 있었다. 인천 형님 집까지 경황없이 차로 달려갔는데 마침 운명하려는 찰나였다. 큰누나가 외쳤다.

"어머니! 무형이가 왔어요. 눈 좀 떠봐요."

나는 쓰러지며 어머니의 손을 잡았다.

굳게 닫혔던 눈꺼풀이 떨리는 듯했고, 어머니의 마지막 기운이 내 손에 느껴졌다. 그 기운은 내 오열 속에 서서히

사위어 갔다. 향년 86세였다.

막 운명하신 어머님의 얼굴은 가족들의 통곡 속에서도 고요하고 평화로웠다. 주름살 하나 없는 숙연한 그 모습, 그 위로 기도하시던 젊은 날 검은 머리에 가르마를 탄 정갈한 모습과 전시에 고된 행상으로 가르마가 없어지고, 정수리 부분에 머리칼이 남아 있지 않은 허허로운 반백의 모습이 겹쳐졌다. "어머니!"를 연거푸 뇌며 솟아오르는 울음을 터뜨렸으나 어머니는 평온한 모습으로 주무시듯 잠잠했다.

격변하는 시대의 격랑 속에서 식솔들의 안위를 위하여 억척스레 헌신과 인고의 삶을 사셨던 어머니.

아! 어머니께서는 우리에게 아낌없이 주기만 하고 가신 것이다.

럭비처럼 쿨한 인생은 없을까

 무심코 TV 채널을 돌리다가 유로Euro 스포츠 화면에서 럭비 경기를 보게 되었다. 호주팀과 잉글랜드팀의 클럽 대항전, 치열하고 박진감이 넘치는 경기였다.

 선수들이 공을 쟁취하기 위해 불개미처럼 뒤엉키고, 상대 골대 쪽으로 한 뼘이라도 공을 가까이 가져가려고 서로 필사적으로 밀어붙이고 있다. 흘러나온 공을 잡은 선수가 상대방의 지역으로 파고든다. 상대 선수들의 태클 방어가 악착같다. 가까스로 뒤쪽 자기편 선수에게 공을 이어준다. 공은 파상적으로 뒤따르는 우군 선수들에게 릴레이식으로 패스되고, 마지막으로 공을 넘겨받은 선수는 억척스럽게 달라

붙는 상대 수비들을 따돌리며, 터치라인을 따라 질풍같이 내달린다. 이어 상대 골라인 지역에다 아슬아슬하게 공을 찍는다. 그 트라이try 동작은 언제나 장쾌하고 멋있다.

나는 럭비를 좋아한다. 럭비의 마니아는 아니지만 인간의 질주 본능, 영역 확장, 방어 본능을 이토록 통렬하게 보여주는 경기가 달리 없기 때문이다.

내가 럭비 경기를 처음 본 것은 고교 시절 모교 시합에서였다. 그때는 거칠고 위험한 몸싸움 경기로만 보였다. 모처럼 시합 장면을 볼 때면 심판의 잦은 휘슬로 경기가 중단되기 일쑤고, 룰이 복잡하여 경기 내용을 분별하기가 어려웠다. 한마디로 지루하고 답답한 스포츠였다.

당시 모교인 부산 동래고교는 축구팀은 전국 상위급이었으나 럭비팀은 하위 수준이었다. 배재고교나 양정고교에 항상 대패하여 수모를 당하기 일쑤였다. 그러면서도 매일 방과 후면 운동장에 남아서 기를 쓰고 훈련에 몰입하고 있는 것이 좀 미욱하고 딱해 보였다. 비가 오는 날에는 더욱 그랬다.

대학 시절, 학우 중에 럭비 마니아가 있었다. 그는 나와

친했는데 고교 시절 럭비에 매료되어 한때 선수로도 뛰었다고 했다. 그의 럭비 사랑은 유별났다. 당시 음악다방에 빠져 있던 나를 가끔 오류동 럭비 구장으로 데려갔다. 그의 해설을 들으며 보는 럭비 경기에 새로운 매력을 느끼기 시작했다.

우악스럽고 위험해 보이는 럭비가 투철한 스포츠맨십과 철두철미한 규율 속에 행해지는 신사적인 스포츠라는 사실을 깨달았다. 생각보다 부상이 적은 것도 신기했다. 경기의 흐름이 자주 끊기는 것은 세밀하고 엄격한 룰 적용 때문이라는 것도 그때 비로소 알게 되었다.

양측에 15명씩 30명의 선수가 복잡하게 뒤엉키면서도 한 사람의 심판에 절대복종하며 경기가 진행되는 것이다. 심판은 작은 반칙도 허용하지 않는다. 축구처럼 심판의 판정에 이의를 제기하거나 거센 항의를 하는 것을 보지 못했다. 더구나 심판을 현혹하는 할리우드액션 같은 짓은 있을 수 없었다.

럭비에는 전설처럼 전해 내려오는 이야기가 있다. 뉴질랜드의 어느 야전병원에서 한 병사가 죽음을 앞두고 의사에게 유언했다. 그는 뉴질랜드의 럭비 명문 올블랙스팀의 선수였다.

"영국 웰즈팀과의 경기에서 저는 분명 트라이를 했습니다. 그런데 당시 심판은 나의 트라이를 인정하지 않았습니다. 죽기 전에 이 사실만은 꼭 알리고 싶습니다."

럭비인들의 심판에 대한 신뢰는 절대적이며 선수들은 대개 심판의 판정을 무조건 신성시하기 때문에 잘못된 판정에도 승복하고 평생 가슴속에 간직하며 무덤 속까지 가져간다는 것이다.

럭비 경기에는 스타플레이어가 따로 없다. 경기할 때 선수 전원이 '전체는 한 사람을 위해, 한 사람은 전체를 위해 All for one, one for all'라는 정신 아래 희생, 협동, 인내를 3대 정신으로 각각 제 위치 역할에 최선을 다한다. 극적으로 트라이 득점을 하고서도 골세리머니를 하지 않는다.

득점이 무려 5점이나 주어지는 트라이지만, 이것은 성취가 아니고 연속 과정에 불과하다. 트라이에는 새로 시도한다는 사전적 의미도 있다. 경기가 끝날 때까지 숨 돌릴 사이 없이 전력투구한다는 뜻이다. 마치 대학 졸업Commencement이란 단어가 끝이 아니라 새로운 시작이라는 의미가 있는 것과 같다.

럭비공은 타원형이다. 공이 지면에 닿으면 어디로 튈지 모른다. 그러나 럭비 시합의 승패는 그 공 같은 의외성이 거의 없이 실력에 의해 좌우된다. 숙련된 선수는 돌진하면서도 튀는 공을 놓치지 않는다. 공을 받다가 놓치거나 앞으로 떨어뜨릴 경우 영락없이 상대편에 프리킥을 주거나 스크럼 벌칙을 받는다.

경기장 내 어느 위치에서건 한 선수라도 공보다 앞서가 있으면 오프사이드 반칙이 된다. 축구처럼 적진 깊숙이 침투하여 골인을 노리는 게릴라 전법은 용납되지 않는다. 공을 가진 선수는 앞으로 킥하며 드리블로 공격할 수 있으나 손으로 패스할 때는 옆과 뒤로만 패스할 수 있다. 언제나 공을 기준으로 양측 진지가 구축되는 셈이다.

럭비에서 가장 멋진 덕목은 경기 종료 휘슬은 게임오버 Game over가 아니라 '노 사이드No side'라는 정신이다. 다시 말해 경기가 끝나면 스코어로 승자와 패자를 가르는 것이 아니라 모두가 한편이라는 것이다. 언제 온몸을 던져 피 터지게 싸웠냐는 듯이 양팀이 하나되어 서로 격려하며 나란히 퇴장하는 정경은 참으로 아름답다. 지금도 정통 럭비 구장에는 샤워장이 하나뿐이다. 관중들의 매너도 신사적이다. 럭비에서는 훌리건이라 불리는 난동 팬도 없다.

4년마다 열리는 럭비월드컵대회는 하계올림픽대회, 축구 월드컵과 더불어 세계 3대 스포츠 이벤트로서 서구에서는 인기가 대단하다. 영국의 옥스퍼드와 케임브리지대학과의 연례 럭비 대항전은 유명하다. 영국의 여러 분야에서 큰 업적을 남긴 인물들은 이 두 학교의 러거(럭비선수 출신)가 많다고 한다.

우리나라에서는 럭비가 비인기 종목으로 겨우 명맥만 유지하는 것이 안타깝다. 게다가 우리나라 성인 럭비의 중심축 역할을 해왔던 삼성중공업 럭비팀이 얼마 전 해체된 것이 아쉽다. 장기간 와병으로 지금은 휴면상태에 있는, 왕년에 럭비 맨이었던 삼성그룹의 총수가 큰 안목에서 육성시켜온 국내 최강 럭비팀이었다. 그의 기업경영 철학도 럭비의 3대 정신인 희생, 협동 인내에 바탕을 두었다.

어느 사회나 조직에서도 구성원 모두가 럭비 경기처럼 공동 목표를 위해 규칙을 준수하며 마지노선을 향해 전력질

주한다면 실패하지 않으리라. 각자의 역할에 최선을 다하고, 상대를 존중하며 쿨하게 살아간다면 불신도 다툼도 없으리라.

 운동장을 가로질러 전력투구하며 돌파해 나가는 럭비 경기, 럭비처럼 쿨한 인생은 없을까?

안녕하신지, 미즈 트래비스

서울 용산역 부근 한강로를 지날 때면 국제빌딩이 보인다. 그 건물을 보면 나는 벽안碧眼의 여인 미즈 트래비스Ms. Travis를 떠올리며 웃음 짓는다.

90년대 초, 교육부 근무 4년 차였던 나는 외자사업과로 발령을 받았다. 그곳은 우리나라의 열악한 교육환경을 개선하기 위해 선진 외국으로부터 차관을 얻어 교육시설과 교육기자재 도입을 추진했던 부서다.

그때 그녀를 처음 만났다. 그녀는 내가 담당했던 우리나라 'IBRD' 교육차관사업 평가단의 일원이었다. 차관자금을 적정하게 사용하고 있는지, 또 새로 청구하는 차관사업이 타당한지 여부를 분석하기 위해 방한했다. 나는 그녀의 업무 파트너로서 일을 돕게 되었다.

중년을 훌쩍 넘어 보이는 그녀는 갈색 머리에 푸른 눈동자, 오뚝한 콧날에 약간 나온 듯한 관골의 곡선이 오히려 부드러워 보이는, 갸름한 얼굴의 여인이었다. 감청색 스커트에 연초록빛 재킷이 잘 어울렸다. 나는 언뜻 할리우드 여배우 캐서린 헵번의 이미지를 떠올렸다. 헵번은 미모는 아니지만 지적 개성이 더 큰 매력으로 우러나는 배우였다.

새로 맡은 낯선 업무에 신경이 많이 쓰이던 차였다. 차관 사업 업무는 대부분 영어를 구사해야 수행할 수 있었다. 그래서 부내 직원들이 꺼리는 부서이기도 했다. 보직 관리나 승진에 아무 도움도 되지 않는, 시쳇말로 이른바 영양가 없는 부서로 정평이 나 있었다. 우선 나의 어학 실력으로 그 일을 감당할 수 있을까 하는 걱정이 앞섰다.

그런 상황에 나는 회의실에서 'IBRD' 평가단 인솔자인 Lee 단장으로부터 그녀를 소개받았다. 그녀와 나는 서로 반갑다는 인사를 나누며 응접탁자를 사이에 두고 마주 앉았다. 이른바 업무 상견례였다. 무척 긴장했던 나는 그녀의 상냥한 미소와 차분한 어조에 일단 편안함을 느꼈다. 그녀의 말씨는 또렷했고, 자상했다. 모르는 어휘는 메모지에 스펠링을 해가며 소통하였다. 대화에 어눌한 나를 배려하는 듯한 마음씨가 고마웠다.

우리는 통성명과 함께 서로의 프로필을 간략히 주고받았다. 그 과정에서 그녀의 예사롭지 않은 전공 학력과 다양한 취미생활을 엿볼 수 있었다. 대학 학부 과정은 음대에서 바이올린을, 대학원 석사 과정은 문헌정보학을, 박사 과정은 전산학을 전공했다는 것이다. 남편이 한국전쟁에 종군기자로 참전해서 한국에 각별한 관심이 있었다고 했다.

우리의 대상 업무는 신규 사업으로 전국 국립대학 학술전산망 구축이었다. 아울러 기존에 도입된 과학 실험 실습 기자재 활용실태를 살펴보는 일이었다. 이를 위해 해당 대학을 방문할 일정을 논의하였다. 전산망 구축 사업은 서울대학교에 중앙센터를 두기로 하고 데이터베이스와 네트워크 구축 계획은 서울대 도서관장인 선우 교수가 주도하고 있었다. 능동적이었던 선우 교수는 이후에 21대 서울대총장이 되었다.

우리는 자주 선우 교수를 찾아가곤 했다. 그때마다 그녀는 추진 상황을 확인하고 두툼한 체크 리스트를 꺼내 들고 빼곡히 기록하곤 하였다. 문제가 있을 때는 진지하게 의견을 모으고 바로 해결책을 강구하는 편이었다. 그녀의 업무 패턴은 명확하고 조금의 오류도 허용치 않는 스타일이었다. 그러면서도 상대의 의견이 자신의 것과 유사할 때는 상대의 의견을 따라주는 때가 많았다.

어느 날, 서울대학교에 가기 위해 그녀와 나는 업무용 승용차를 타고 용산역 앞 한강로를 지날 때였다. 왼편에 특이하게 생긴 맘모스 국제빌딩이 시야에 들어왔다. 건물 윗부분의 외양이 거대한 삼각형 같은 모습으로 뒤틀린 듯한 형상이어서 역동적인 느낌을 주었다. 나는 그것을 가리키며 그녀에게 어떻게 보이느냐고 물었다.

"글쎄요, 저것은 마치 'MGM 영화사' 로고처럼 용트림하고 있는 사자상 같지 않은가요? 미스터 박은 어떻게 보고 있나요?"

"그냥 이집트의 스핑크스 같아 보입니다."

"맞아요! 미스터 박의 비유가 더 적절할 것 같네요."

그녀는 나를 치켜세웠다. 나는 그 빌딩이 서울에서 '가장 아름다운 건물상'을 받았다고 부연 설명을 했다.

일을 마치고 그 길로 다시 돌아올 때였다. 내가 잠깐 졸았던 모양이다. 그녀가 나를 깨웠다.

"미스터 박, 우리는 당신의 그 스핑크스 건물 앞을 막 지나고 있어요. 잠시 후면 청사에 도착할 것 같은데요."

나는 당황했고, 무안했다. 그러고 사과했다. 그녀는 예의 상냥한 미소로 괜찮다는 표정을 지었다. 그녀의 재치 있는 익살이 나를 감싸주었다.

어느 날이었다. 서울역 대합실에서 그녀와 지방대학에 가기 위해 열차를 기다리던 중이었다. 스피커에서 짙은 허스키의 여가수가 부르는 팝송이 흘러나왔다. 귀에 익은 오페라 아리아를 팝송 버전으로 부르는 것이었다. 참 듣기 좋았다. 그녀에게 물었다.

"방금 끝난 팝송 멜로디가 어느 오페라에 나오는 음곡 같은데요?"

"어떤 오페라?"

그녀는 딴 일에 신경 쓰느라 그것을 못 들었다 했다.

갑자기 제목이 떠오르지 않았다. 당황해서 오페라의 첫 배경 장면을 더듬더듬 설명하려 했다.

"파리의 낡은 아파트 다락방, 가난한 예술가들이 크리스마스이브에…."

"오라, 라보엠! 푸치니의 제2막에 나오는 아리아 〈무제타 왈츠〉를 말하는 것이군요!"

기억을 되찾은 나는 기뻤다. 궁금한 김에 또 물었다.

"저 팝송 가수는 누군가요?"

"델라 리즈."

그녀는 대답만으로 끝나지 않고 자상하게 설명을 덧붙였다. 델라 리즈는 흑인 여성 가수로서 오페라 아리아 〈무제타 왈츠〉 원곡에 가사를 붙여 〈Don't You Know〉를 불러 일약 스타덤에 올랐다는 것과 역시 흑인 가수인 '마할리아 잭슨'의 가스펠 그룹 수제자였다고. 마할리아 잭슨은 내가 좋아하는 소울 가수였다. 궁금해하거나 아쉬워하는 정보에 대해서는 부연 설명을 아끼지 않은 그녀, 내 속이 뻥 뚫리는 듯했다.

그녀와의 대화가 차츰 편해지는 듯해서 업무 자체가 즐거왔다. 그녀는 과학적인 합리성으로 업무에는 냉철하나 사적 대화에서는 항상 밝고 부드러웠다. 나와는 취미나 취향이 엇비슷해서 교감이 잘 되었던 것일까, 말이 어눌한 경우에도 눈빛과 미소만으로도 잘 통했던 것 같았다. 나만의 착각인지는 모르겠지만 우리의 출장은 반은 업무요, 반은 데이트 같았다.

지방대학을 갈 때는 업무를 마치고 그곳 박물관을 들르거나 문화재를 찾곤 했다. 사찰도 찾았다. 사찰에서는 거대한 불상보다 주변에 작은 나한상들이 있으면 더 흥미를 느끼는 듯 그들 하나하나의 표정들을 카메라에 담곤 했다. 그녀는 음악과 미술, 특히 고고학에 대해서 폭넓은 소양과 높은 안목을 가진 듯했다. 결코 자신의 지식을 함부로 내놓지 않고 상대의 이해와 호기심 정도에 따라 대화를 엮어나가는 매너를 지녔다.

한번은 당시 경복궁에 있던 국립중앙박물관에 '스키타이 황금 유물전'을 보러 갔다. 구소련 예르미타시박물관 소장품의 순회전시였다. 그녀는 수년 전 뉴욕에서 순회전시할 때 기회를 놓쳐 못내 아쉬워했는데 뜻밖에 한국에 와서 보게 되었다며 좋아했다. 그녀는 진지하게, 때로는 경이롭다는 표정으로 메모를 해가며 관람했다. 스키타이족은 고대 기마 유목민족이어서인지 전시물 중에는 금이나 은으로 만든 장신구와 칼, 칼집, 말 장식, 잔 등 이동식 보석 소품들이 많아 눈길을 끌었다.

그녀가 91년 두 번째 방한했을 때도 나와 업무 파트너였다. 출장을 갈 때는 화기가 돌았고 이런저런 대화도 많이 했다. 여의도 KBS홀에서 열린 일본 NHK 방송 교향악단 연주회에도 갔고, 선우 교수의 초청으로 롯데호텔홀에서 국악디너쇼를 함께 관람하기도 했다. 이따금 찻집에서, 찻간에서 오페라 등 음악 연주회 얘기를 많이 나누었다.

대전 충남대학 방문을 마치고 귀경하는 열차 안에서였다. 나는 그녀에게 우리 업무에 대한 중요 사안을 건의했다. 지방 몇몇 대학에서 도입기자재 활용이 부실한 데다 심지어 타목적으로 오용되는 사례가 지적되어 그들 대학은 향후 연차 지원 대상에서 제외되어 전체 차관자금 상당 부분이 삭감될 개연성이 있었다. 한국은 이미 경제적으로 중진국 이상의 수준에 있으니 아예 조기상환 조치로 차관수혜국에서 조기 졸업시키려는 움직임을 보이고 있었다. 우리 부서에서는 모처럼 확보한 프로젝트 진행에 차질이 초래될까 염려하고 있었다.

나는 이 문제에 대해서 우리의 차관사업은 예정대로 시행되어야 바람직하다는 의견을 피력했다. 도입기자재 활용 부적절 문제에 대해서는 해당 기자재를 환수조치하여 이를 절실히 필요로 하는 다른 대학에 인계하고, 그쪽 대학에 차관 지원 수혜가 계속 유지되게끔 해달라고 건의했다. 그녀는 메모를 해가며 경청했고 충분히 수긍할 수 있는 사안이어서 Lee 단장과 적극적으로 상의하겠다고 약속했다.

이튿날 아침이었다. 집 전화벨이 울렸다. 수화기를 들었다. 그녀의 들뜬 목소리가 들려왔다.

"미스터 박! 어제 그 문제를 아침에 Lee 단장과 상의했더니 긍정적으로 받아들여졌어요."

우리가 맡은 프로젝트는 전과 다르지 않게 연차 진행시킬 예정이니 염려하지 않아도 될 것 같다고 했다. 또한 도입기자재 타대학 이관 방안도 문제가 없는 것으로 판단되니 잘 처리하라는 것이었다.

뛸 듯이 기뻤다. 수화기를 붙들고 거듭 감사하다는 말을 했다. 신속하고 명쾌한 문제 해결 스타일에 감탄했다. 그녀는 숙소인 조선호텔에서 Lee 단장과 아침 식사를 하면서 그와 합의를 이끌어냈고 그 결과를 바로 나에게 알려준 것이다. 그녀는 일상 대화 중에도 시원시원했다. "Sure!"나 "Certainly!", "No Problem!"이란 감탄사를 많이 썼다. 대화할 때도 거침없고 마음결도 구김살이 없었다.

세 번째 그녀와의 만남은 그다음 해 봄 부산에서였다. 나는 승진하여 외자사업과를 떠나 부산에 있는 H대학에 근무할 때였다. 교육부 외자사업과에서 H대학의 도입기자재 활용 점검차 미즈 트래비스가 온다는 것이었다. 나는 놀랐다. 아니 설렜다. 반가움과 기쁨이 몰아쳤다. 외자사업과 직원 미스 정을 대동하고 그녀는 학교에 나타났다. 환하게 웃는 그녀의 얼굴을 보니 더 기쁘고 반가웠다. 내가 있는 곳으로 일부러 방문 대상 학교를 택했다는 말을 했다.

그날 업무는 오후 일찍 끝났다. 대학 총장과 이른 만찬 후, 저물녘에 나는 그녀를 해운대 달맞이 고개로 안내했다.

우리는 전망 좋은 언덕 위 통유리로 된 카페 창가에 앉았다. 그녀는 달뜬 목소리로 일부러 나를 찾아온 연유를 말했다. 바이올린을 명품으로 바꾸었는데 내게 자랑하고 싶어서라고 했다.

"스트라디바리우스?"

내가 물었다. 그에 버금가는 독일 수제 명품이라고 했다. 내가 쉬이 알아맞히지 못하고 궁금하여 그녀를 바라봤다.

"루돌프 도너!"

그녀가 말한 바이올린 이름이 낯설었으나 들은 것 같기도 했다.

그녀는 오페라 CD를 내밀었다. 1953년 사바타판 '토스카'였다. 내가 좋아하는 마리아 칼라스의 진수를 느낄 수 있는 결정판이라 했다. 감격해서 말을 잇지 못했다.

때마침 달빛이 저 아래 해변을 비추었다. 환상적인 풍경에 그녀는 "Wonderful!"을 연발했다. 흥분을 감추지 못하던 그녀가 지명을 물었다. '달맞이 고개'라고 했더니 무슨 뜻이냐고 재차 물었다. 순간 당황한 나머지 '달을 환영하는 언덕'이라고 둘러댔다. 나중에 영문 표기를 확인하니 그것이 맞는 설명이었다. 우리는 그 밤 꽤 늦도록 흐뭇한 분위기 속에서 정담을 나누었다.

그녀는 헤어질 때 미스터 박과 또 하나의 환상적인 추억을 만들었다며 즐거워했다. 나 역시 그녀와 달맞이 고개에서 보낸 데이트는 감미로운 시간이었다. 내 생애 파란 눈동자를 지닌 매력적인 여인과 함께한 자체가 특별한 행운이었고 축복이었다. 두고두고 추억거리로 남을 것이기 때문이었다. 그것이 다 영양가 없다던 교육부 외자사업과에 근무한 덕택이라며 나는 웃음 지었다.

30년 전 나의 파트너 미즈 트래비스, 지금도 안녕하신지 궁금하다.

계곡 언저리 맑은 물에 손을 씻었다. 그제야 장승과의 반복되었던 만남과 이별이 끝나고 있었다. 그러나 장승의 그 웃음은 내 속을 떠나지 않은 듯 연방 어른거렸다. 고인 물속에 맞은편 언덕 위 거대한 대학 연구소 건물의 그림자가 검붉은 노을을 깔고 병풍처럼 드리웠다. 어디선가 교회당 종소리가 들려오는 듯했다. 그것은 마치 노을 속으로 떠나가는 장승의 넋을 기리는 장송곡처럼 울려왔다. 나는 서둘러 자리를 떴다.

3

어떤 술대접·
나의 음악 편력·
팔불출·
웃어준 장승과의 이별·
주홍빛 줄무늬 우산·
우린 과연 호모 비블로스인가·

어떤 술대접

 1970년대에 술깨나 마셔본 사람이라면 '니나놋집'이란 걸 기억할 것이다. 그리고 따끈한 정종을 반주로 곁들이는 한정식류의 방석집도 알 것이다. 청년티가 좀 가시고, 일터에서는 신출내기를 어느 정도 면한 그 시절에 나는 서울의 인근 S시에서 근무했다.

 그곳 성호 시장께 뒷골목, 일몰이 잦아드는 무렵, 제각기 다른 간판 아래 불그레한 초롱불이 켜져 있었고, 고만고만한 단층 니나놋집들이 즐비하게 서 있었다. 그 앞에 한복을 곱게 차려입은 아가씨들이 늘어서서 눈웃음을 흘리며 한잔하고 가라고 잡아당기는 것도 그리 밉지 않은 풍경이었다.

그때나 지금이나 술꾼 축에도 못 끼는 내가 한 시절 술집을 자주 가게 된 것은 대부분 애주가인 한 친구 때문이었다. 술집에 가면 예쁜 여자가 옆에서 분내를 풍기며 따라주는 술에 얼큰해지는 기분이 싫지 않은 이유 또한 있었는지도 모른다.

그날도 친구와 약속한 시간에 술집으로 갔다. 나무 창살로 된 미닫이 유리문을 밀고 홀 안으로 들어서니 친구는 이미 와 있었다. 좁고 기다란 널빤지 탁자에 밑반찬이 기본으로 나왔고, 우리는 쟁반만 한 파전과 안주로 편육을 시켰다. 막걸리 대신 오이를 채썰어 섞은 소주를 주문했다. 아리따운 아가씨도 옆에 와 앉았다.

그날 술자리는 특별한 의미가 있었다. 나의 생질 취직 부탁을 그 친구가 들어주었기에 내가 한턱내는 자리였다. 양복이라도 한 벌 선물하려고 했지만, 그 친구는 그냥 술이나 한잔하자 했다. 언제나처럼 그날도 친구가 술집을 정했다. 나와는 달리 외향적이고 호방한 성격의 친구는 매사에 긍정적이고 적극적이었다. 언제나 술자리는 그가 주선했다.

"오늘 이렇게 좋은 술청으로 우리를 인도한 박카스 신께

감사하자!"

그의 건배 제의를 시작으로 우리는 술판을 벌이기 시작했다. 아가씨가 따라 주는 대로 술잔을 주거니 받거니 하며 마셔댔다.

술기운이 거나해지자 여자들은 분위기를 잡고 젓가락으로 술상을 두드리며 노래를 불렀다. 우리도 젓가락으로 장단을 맞추기 시작했다. 레퍼토리는 〈번지 없는 주막〉, 〈홍도야 울지 마라〉, 〈꼬집힌 풋사랑〉, 〈선창〉, 〈진주라 천릿길〉 등 흘러간 옛 노래들이었다. 그녀들에게는 자신들의 서글픈 삶의 한을 푸는 가락이었고, 친구와 나에게는 일상 시달리는 업무의 스트레스를 날려 보내는 카타르시스였다. 젓가락 장단 속에 술상 모서리가 다 뭉그러져 보였다. 그것에는 그곳을 스쳐 간 숱한 사람들의 애환이 함께 으깨져 있는 듯했다.

그 사이에 아가씨들은 "오빠 안주 하나 더!", "술 한 주전자 더!" 하면 우리는 호기롭게 "오케이!" 사인을 보냈다. 당시 나의 주량은 친구에 비하면 상당히 뒤처지는 수준이었으나 분위기가 썩 좋다고 느껴질 때면 나 자신이 의아할 정도로 술이 잘 받았다. 그날도 그랬다.

나는 친구에게 2차를 제안했다. 그 정도의 대접으로는 턱없이 약소하다는 생각에서였다. 그는 사양하지 않았다. 1차 집 술값을 치르고, 2차 집을 향했다. 우리가 가기로 한 술집은 그리 멀지 않은 거리에 있었다. 가끔 귀한 손님을 대접하곤 하던 요정식 방석집이었다.

마담과 아가씨들의 환영을 받으며 들어섰다. 우리는 같은 감색 상의를 벽에 나란히 걸어 놓고 방석에 앉았다. 술상이 마련되는 사이에 의례적으로 고스톱을 쳤다. 얼마 안 되어 술상이 들어왔다. 백로지를 깐 교자상에 정갈하게 차려진 주안상, 따끈한 정종 술도 뒤따랐다.

춘향이 같은 아가씨 둘이 한복을 곱게 단장하고 옆에 와 앉았다. 섬섬옥수로 따르는 술, 우리는 한껏 호사를 부리는 기분이 되었다. 종전 니나놋집과는 사뭇 다른 분위기였다. 먼저 마신 술이 잠깐 깨는 듯했으나 따끈한 정종 술에 다시 기분 좋게 취하기 시작했다. 우리는 더욱 흥이 나서 떠들어 댔다. 술김에 내뱉는 친구의 아포리즘적 대사도 멋있었고, 이에 맞장구도 치고 추임새를 넣는 아가씨들의 매너도 좋았다. 황홀경이 따로 없었다. 더구나 페로몬 같은 미인들의 향기에 취했던 우리는 이미 무지개 풍선처럼 기분이 부풀어서 반 이상은 정신줄을 놓아 버린 상태였다. 안주가 추가로 들어오고 술 주전자도 몇 번이나 들락거렸는지도 모른다.

　마담으로부터 파하는 시간이 되었다는 전갈이 왔다. 갑자기 찬란했던 노을이 사위어지는 듯한 아쉬운 순간이었다. 정신을 추스르고 일어섰다. 나는 벽에 걸렸던 상의를 걸치고 술값을 치렀다. 아가씨들에게 호기 있게 팁도 찔러줬다. 친구는 흡족한 얼굴로 엄지를 치켜세우며 웃고 있었다.

　집사람 말에 의하면, 그날 자정 통행금지 사이렌이 울리는 시점에 맞추어 집에 들어왔다고 했다. 집 현관에 들어서자마자 꼬꾸라지듯 쓰러져 인사불성이 되었다는 것이다. 친구와는 마지막에 어떻게 헤어졌는지 필름이 끊겨 기억에도 없었다.

　그런데 다음 날 아침에 친구에게서 전화가 왔다.

"이봐, 친구! 무슨 술대접이 그래?"

"무슨 얘기야? 어제 우리 기분 째지게 잘 마셨잖아. 왜 그래?"

"이 친구야, 자네가 입고 간 옷을 좀 보란 말이야!"

순간 아찔했다. 나는 방 윗목에 벗겨 던져진 양복 상의를 펼쳐 보았다. 언뜻 보기에도 내 옷이 아니었다. 상의 안주머니 옆에 자수로 새겨진 노란색 그의 이름 석 자가 선명하게 눈에 들어왔다. 그리고 그가 늘 자랑하던 은빛 파카 만년필이 꽂혀 있었다. 안주머니를 뒤져 보았다. 까만 그의 장지갑과 함께 술값 계산서가 불거져 나왔다. 아뿔싸! 결국은 내가 친구 돈으로 술값을 치렀던 것이다. 아가씨들 팁까지.

그 후 친구는 나와 다른 임지에서 근무하다가 십수 년 전에 교통사고로 세상을 떴다. 둘도 없는 친구…. 가슴이 저며 왔다. 그 후 나는 술을 거의 끊다시피 하고 살았다. 아마 내 평생 마신 술의 절반 이상을 그와 S시에서 몇 년 사이에 마셔버린 것 같다.

나의 음악 편력

한밤 FM 방송에서 아련한 음률이 귓전을 울렸다. 천상의 아리아처럼 아득히 들려오는 저 듀엣의 하모니는? 그렇게 기억을 더듬고 있는 순간 방송 진행자가 속삭였다.

"Indian Love Call, 안 브라이스와 페르난도 라마스가 불렀던 영화 〈로즈마리〉의 오리지널 사운드트랙이었습니다."

고교 시절에 보았던 뮤지컬영화 주제가였다. 인디언 지역 숲속에서 두 연인이 함께 부르는 그 노래는 50년을 뛰어넘는 기억 저편에서 청아하게 울려 퍼지고, 골짜기에서 메아리치고 있었다.

"When I'm Calling You oo-oo oo-oo."

음악 감상

"Will You Answer Too oo-oo oo-oo-oo."

지금도 그 후렴 첫 소절이 떠오른다. 혼자 있을 때는 늘 흥얼거리며 좋아했던 곡이었다.

돌이켜보니 내가 즐겨 찾던 음악의 장르는 세월 따라 여러 갈래로 바뀌었다. 고교 시절에는 세미클래식 부류의 음악에 심취하였다. 영화음악 외에도 요한 슈트라우스나 로저스의 왈츠곡이 흘러나오면 귀가 그쪽으로 쏠리며 얼굴이 상기되었다. 〈비엔나 숲속의 이야기〉, 〈푸른 도나우〉, 〈금과 은〉, 〈파도를 넘어서〉 등이 나의 애청곡이었다.

초등학교 때 나는 트로트 가요를 청승맞게도 잘 불렀던 것 같다. 신기할 정도로 새 가요를 잘 익혔고, 가요집의 가사를 전부 외웠다. 해방 후 유행하던 우리 가요를 축음기로 갈아 끼우는 바늘을 죄다 축내며 듣느라 집에서 야단도 많이 맞았다.

중학교 때 휴전으로 시국이 안정되어 갈 즈음이었다. 길거리 전파사에서 신곡 유행가가 흘러나오면 걸음을 멈추고 따라 불렀다. 〈홍콩 아가씨〉와 라디오 연속극 '청실홍실'의 타이틀 곡을 열심히 메모하며 듣던 기억이 난다.

서울에서의 대학 시절은 실존주의 사조에 휘청거리던 방황기였다. 음악 감상실에 파묻혀 지낼 때가 많았다. 누구의 곡인지 누구의 연주인지 모른 채 클래식 교향곡을 듣고 또 들었다. 종로의 '르네상스'에서는 듣고 싶은 곡의 하이라이트를, 광교에 있는 '디쎄네'에서는 전 악장을 들려주는 대로 다 듣게 되었다. 그러다 베토벤과 하이든의 곡들이 조금씩 다가왔다. 차이콥스키의 곡들은 교향곡, 피아노곡, 발레곡과 기타 소품곡까지 거의 다 친숙해졌다.

2학년 때 군에 입대하게 되었다. 논산훈련소에서부터 그동안 담을 쌓고 지냈던 팝송의 세계가 펼쳐졌다. 동료 훈병들이 거의 학병이어서 툭하면 재즈와 팝송을 불러댔다. 나도 신이 나서 폴 앵카의 〈Diana〉, 〈Crazy Love〉, 냇킹콜의 〈Too Young〉, 닐 세다카의 〈Oh Carol〉을 환호하며 따라 불렀다. 그 다이내믹한 템포와 달콤하고 호소력 짙은 가사도 좋았다. 전방 포병부대 탄약고에서 야간에 홀로 보초를 설 때는 〈Green Field〉를 흥얼대며 병영 생활의 고달픔을 달랬다.

복학 후, 선배 중에 오페라 마니아가 있어서 그와 틈만 있으면 아리아 감상을 하였다. 상도동에 있는 그의 집에서 SP판으로 카루소, 질리, 스테파노 등 옛 테너들을 많이 접할 수 있었고, 레나타 테발디, 마리아 칼라스, 조안 서더랜드 등 소프라노의 노래도 비교할 수 있었다.

광화문 부근 청사에 근무하면서 세종문화회관에 외국의 유명 오케스트라 공연이 있으면 설레는 마음으로 실황연주를 보러 다녔다. 지휘자의 배턴 끝에서 일사불란하게 어우러지는 관현악의 섬세한 떨림과 그 선율은 타악기의 가세로 변화무쌍한 하모니를 이루어 현장에서 더 큰 울림을 주었다. 외국에 출장을 가면 으레 국내에서 구할 수 없는 클래식 원반原盤을 몇 장씩 사 왔다.

내 방 베란다 쪽 구석에는 그 시절 사들인 클래식 원반들과 라이선스 판들이 돌아가지 않는 턴테이블과 함께 꽂혀 있다. 교향곡과 오페라 곡들이 주류를 이루고 있다. 그 옆 낡은 궤짝에는 음악 CD와 녹음테이프들이 헌책 더미처럼 무분별하게 쌓여 있다. 모두 한 시대를 풍미했거나 유행했던 음곡들이 내 젊음과 함께 담겨 있다. 실제로 나는 이 음악의 풍요를 혼자서만 즐겨온 것이었다.

때로는 비전문가가 전문가를 뺨치는 때가 있다. 그럴 때 나는 이루지 못할 사랑처럼 그를 선망의 대상으로 삼는다. 영화 〈맘마미아〉에서 여우 메릴 스트립이 아바의 노래 〈The Winner Takes It All〉을 멋들어지게 불러 젖힐 때, 역시 여배우 레슬리 캬론이 영화 〈파리의 아메리카 인〉에서 춤꾼 진 케리의 파트너로서 환상의 발레를 출 때, 내가 좋아했던 채플린 영화 〈라임 라이트〉의 주제곡이 바로 찰리 채플린이 직접 작곡했고, 아카데미 영화 음악상까지 받았다는 사실을 알았을 때 나는 신선한 충격과 함께 흠모의 마음을 금할 수 없었다.

지금까지 나의 음악에 대한 인식은 감성적 만족에만 그치는 수준에 불과했다. 이제는 그 이상은 바랄 수 없게 되었다. 내 생애에서 그나마 음악의 그림자라도 밟고 지내 온 것에 감사한다.

그럴 기회가 다시 주어지지 않는다는 걸 알면서도 다시 태어날 수만 있다면 전문가를 뺨치는 아마추어가 되고 싶다. 비록 니체처럼 음악적 철학이나 심미안을 가질 수는 없더라도 나 자신은 물론 타인에게 즐거움을 선사하고 싶은 것이다. 작은 악기 하나쯤 다룰 줄 아는, 내공을 지닌 아마추어. 빛나진 않지만 녹슬진 않는 조촐한 비전문 음악가가 되고 싶다.

팔불출

거실에 있는 책장 서랍을 뒤적이다가 옛날 잡기장 속에서 메모 쪽지를 발견했다.

"자식에게는 꽃보다 부드러우면서도 남편에게는 오랑우탄같이 험악한 우리 마누라."

이 짧은 메모에는 〈사람 잡는 마누라〉라는 제목까지 붙어 있었다. 이것을 보는 순간 웃음이 나왔다. 옆에 있던 아내도 이 메모 내용을 보고 허리를 잡고 웃으면서 "내가 당신에게 뭘 어떻게 했다고 이런 당치도 않은 글귀를 써 놓았느냐?"고 따지고 들었다. 사실 나는 언제, 어떻게 해서 이런 문장을 썼는지 뚜렷한 기억이 없다. 아마 양처보다는 현모로서 더 충실했던 아내에 대한 나의 야속한 심정을 과장해서 표현한 것인 듯했다.

우리 애들이 초등학교에 다니던 시절이었던 것 같다. 동네 아파트 단지 내에 테니스장이 생겼을 때 나는 좀 더 세련된 테니스 레슨을 받고 싶어 아내에게 그 뜻을 말했다가 일언지하에 거절을 당했다. 쥐꼬리만 한 내 월급으로는 그럴 만한 여유가 없다는 것이었다. 당시 딸들에게는 피아노다 미술학원이다 하고 과외비를 꽤 지출했던 것 같은데, 막상 돈을 벌어 오는 가장에게는 이렇게 박절할 수가 있는가 싶어 좀 야속하기도 했다. 그러나 내 알량한 취미생활보다 아이들의 미래가 더 소중하다는 아내에게 불만을 토로할 여지가 없었다.

젊은 시절에는 맞벌이를 하는 주위의 동료들을 부러워하기도 했지만, 박봉의 어려움 속에서도 전업주부로서 자식들을 반듯하게 키워놓은 아내에게 그저 고마울 뿐이다. 뿌린 대로 얻는 결실일까. 아내는 지금 아이들에게는 우상이요, 나에게는 중전마마다.

사실 나는 공직생활을 하면서 가정사보다 내 직무에 더

충실했던 것 같다. 잦은 야근에다 출장 그리고 외지 근무로 가정에 충실할 수가 없었다. 뿐만 아니라 애들에게도 자상한 아빠 노릇도 하지 못했다. 오히려 가끔씩 뭔가 못마땅하여 훈계하고 혼내는 아버지였다. 근엄한 태도로 가장의 위신만을 지키려 했을 뿐이다.

아직도 내 위세는 기죽지 않고 살아 있다고 자부한다. 그러나 가정의 평화를 위해 위세가 꺾인 척 처신하며 살아가고 있다. 그리고 친구들에게는 천하의 공처가라 자처하고 있다. 아내는 그런 내 마음을 훤히 꿰뚫어 보고 있다. 내가 무슨 생각을 하고 있는지, 무엇을 마음에 두고 있는지 거울 보듯 다 알면서도 모른 척한다.

언제부터인지 모르게 나는 온갖 일에 대하여 아내에게 상의를 하게 되었다. 아마도 공직을 은퇴하고 진종일 아내와 집에서 함께 지내면서부터 생겨난 변화이리라. 나와 아내는 이제 대화도 다사롭고 얘기도 도란도란 잘한다. 아내는 내게 친구 같기도 하고 카운슬러 같기도 하다. 세상사 이치에 대하여 아내의 소견이 나보다 더 낫다는 것을 새삼 느끼곤 한다.

놀라운 것은 젊은 시절의 내 비밀스러운 허물들에 대하여 아내는 어느 정도 알고 있었으면서도 모른 척 지내왔다는 사실이다. 왜 그랬을까? 나는 지난 일이지만 오금이 저리면서도 그 태연함에 질리기도 한다. 아내가 소크라테스를 쫓아낸 크산티페와 같았다면 나는 어떻게 되었을까. 생각만 해도 모골이 송연해진다.

아내가 근래 많이 아프다. 몇 년 전 디스크 수술을 받은 것이 재발 조짐을 보여서 병원 출입이 잦다. 허리뿐만 아니라 다리도 저리고 아프다고 한다. 거동이 불편할 정도다. 게다가 어지럼증과 이명耳鳴 증세도 심해서 더 괴롭다고 호소한다.

요즈음 나는 취미생활을 하느라 심심찮게 외출하는 데다가 아내를 위해 집안일을 도와주고 병시중까지 하느라 바쁘다. 백수가 과로로 쓰러졌다는 얘기가 실감난다. 가끔 아내의 아픈 다리를 주물러 주기도 하는데, 그럴 때면 아내는 눈을 지그시 감고 내가 해주는 안마를 즐기는 듯하다. 팔이 아프도록 주물러도 그만하라는 말이 없으니 은근히 부아가 치밀 때도 있다. 모처럼 아이들이 주물러 줄 때면 금세 팔 아프겠다며 그만하라고 제지하기 일쑤다. 아내는 젊었을 적에 나로 인해 속상했던 것에 대한 보상을 받으려는 것인가. 하기야 젊은 날엔 내 다리에 쥐가 나면 아내가 달라붙어 열심히 주물러 주곤 했다. 그런 아내에게 나는 한 번도 힘들 것이니 그만해도 된다고 말하지 않았나 보다.

아내가 평생 하던 일을 직접 해보니 그동안 전담해 온 가사가 꽤나 어렵고도 힘겨운 노동이라는 것을 비로소 깨닫는다. 집 안 청소나 설거지는 쉬운 편이다. 매일 끼니때마다 식구들의 섭생이나 식성에 맞추어 반찬을 준비하여 찌개나 국을 끓이는 일이 여간 힘든 게 아니다. 음식은 정성이 뒤따라야 맛이 난다는 것을 알게 되었다. 김치를 담그는데 그렇게 많은 식재료들이 양념으로 들어가야 하는지, 찹쌀가루로 풀까지 쑤어서 그 양념거리에 버무려야 하는 것인지 예전엔 미처 몰랐다. 일상적인 가계 일도 복잡다단하고, 절약을 위해 온갖 지혜를 짜내야 하는 일도 여간 힘든 게 아니었다. 대부분의 주부가 이런 투철한 사명감과 철학을 가진 살림의 고수들이라고 생각하니 모두가 존경스러울 뿐이다.

마누라 자랑을 하면 팔불출이라고 한다. 내가 지금 아내

자랑을 하는 건지 험담을 하는 건지는 몰라도 영락없는 팔불출이요, 주책을 부린 꼴이 되어버렸다.

앞으로 아내의 집사執事로서 과거에 내가 받았던 시중과 봉사를 갚으며 지내려고 한다. 그 빚을 다 갚으려면 내 여생이 턱없이 모자랄 터라 끼니때마다 손에 물 묻히는 것을 당연하게 여기고 팔을 걷어붙인다. 아내와 서로 의지하며 남은 세월 곱게 늙어갈 수만 있다면 연못에 풀어진 황금빛 석양처럼 아름다운 생이 아닐까.

웃어준 장승과의 이별

관악산 계곡을 끼고 연주암으로 가는 길목에 아까시나무 동산이 있다. 그곳을 지날 때면 늘 눈에 밟히는 잔상殘像이 하나 있다. 마냥 웃기만 하던 장승의 모습이다.

여러 해 전, 아까시나무꽃이 싱그럽게 피어 흩날렸던 등산로에 웬 장승이 하나 서 있었다. 고사목에 누가 장승을 솜씨 있게 조각해 놓았는데 얼굴은 장승 특유의 험상궂은 표정이나 익살스러운 웃음을 담고 있어 오가는 등산객들에게 호감을 주기에 충분했다. 어느 새 그곳을 지나칠 때면 나는 그 장승이 반가웠고 안전한 산행을 하라는 듯 웃어줘서 고맙기까지 했다. 그 장승을 조각한 사람과 막걸리 한잔을 나누고 싶다는 생각마저 들 정도였다.

"아, 그 누구였던가, 죽은 나무에다 이렇게 웃는 얼굴을 조각할 줄 알았던 그이는…."

어느 시인의 시구를 패러디하며 친구에게 너스레를 떨기까지 했다.

외지 근무를 하게 된 탓으로 실로 오랜만에 그곳을 지나게 되었다. 그 사이 장승은 많이 변해 있었다. 주위가 온통 연초록 빛깔로 묻어나던 봄날, 장승은 흙먼지가 풀썩이는 황톳길 가에 앙상하게 드러난 밑동 뿌리 몇 갈래에 의지해 서 있었다. 튀어나온 앞니가 돌멩이에 맞은 듯 허옇게 생채기가 나 있고, 아랫도리 나무둥치는 난도질을 당한 듯 흠집이 여기저기 나 있었다. 그러면서도 여전히 헤벌쭉 웃고 서 있었다.

그 후 오랫동안 장승을 보지 못했다. 친구들과 다른 산을 찾았고 서울 근교가 아닌 먼 거리 산행을 자주 했기 때문이다. 그러다가 오래간만에 또 그곳을 지나게 되었는데 장승은 원래의 자리에서 조금 떨어진 곳으로 뿌리째 뽑혀 옮겨져 돌무더기 속에 묻힌 채 상체만 비스듬히 내밀고 있었다.

얼굴은 코까지 깨져 있었고 불거져 나온 한쪽 눈도 찢겨 있었다. 그러고서도 여전히 웃고 있는 모습의 장승은 정말 나를 놀라게 했다.

도대체 누가 왜 그랬을까. 장승은 액도 쫓고 나쁜 병마도 물리치는 우리 토속신앙의 표상이 아닌가. 물론 장승은 나무로 깎은 것이니 영원히 서 있을 수는 없을 것이다. 그래도 '장승무덤'이 있다는 말을 들었어도 함부로 자르거나 땔감으로 썼다는 말은 들어본 적이 없다. 혹시 우상숭배를 거부하는 어느 광신도 짓은 아니었을까. 문득 '굴러 온 돌이 박힌 돌 뺀다'는 속담이 떠올랐다. 마구잡이로 굴러온 서구문명이 우리의 전통문화를 침식하는 현실에 장승은 온몸으로 저항했던 건 아닐까. 그 저항의 흔적이 장승의 얼굴에 상처의 흔적으로 남은 것은 아닐까. 뿌리째 뽑혀 길가에 나뒹굴었을 장승의 모습이 눈에 그려졌다. 그나마 누군가가 돌무덤으로 수습해 놓은 것이 다행이다 싶었다. 여느 장승처럼 묵묵히 제자리에서 수壽를 다하지 못한 것이 안쓰러웠다.

그로부터 얼마 후 친구들과 다시 그곳을 지나게 되었다. 장승도 돌무덤도 보이지 않았다. 아예 사라지고 말았다. 장승이 있던 자리에는 낙엽만 뒹굴고 있었다. 그 빈자리가 썰렁한 듯했지만 차라리 잘 치워졌다 싶어 마음이 가벼워졌다. 장승 바로 앞에 있던 작은 바윗돌 하나가 상석인 양 그대로 있었다.

얼마 전 늦가을 오후, 관악산의 다른 코스로 등산을 하고, 아까시나무 동산 쪽으로 혼자서 하산하는 길이었다. 장승이 있던 곳에서 쉬고 싶었다. 원래 장승이 있던 위치를 가늠하느라 그 앞에 있던 바윗돌부터 찾았다. 그 돌은 여전히 해태 모양을 하고 그곳에 웅크리고 있어 반가웠다. 석양 무렵이어서 주위는 적막감이 감돌았는데, 나는 배낭을 내려놓고 장승의 돌무덤이 있던 주변을 서성거렸다. 주변을 두리번거리다가 옆으로 조금 떨어진 계곡 쪽으로 갔다. 언덕진 나무덤불 속에서 아무렇게나 나뒹그러진 채 썩은 고목 등걸 하나가 눈에 들어왔다. 순간 혹시나 하는 예감에 살펴보니 그 장승의 상반신이었다. 몸은 썩어 부서져 내려앉았지만 얼굴은 알아볼 만큼 모습이 남아 있었다. 가까이 들여다보니 해거름의 침침함 속에서도 해탈한 듯 웃는 모습이 여전했다. 얼떨했다. 그런 처지에서도 끝까지 웃는 모습이라니.

장승을 비탈에서 끌어올려 평지의 약간 움푹한 곳에다 뉘었다. 양 손바닥에는 부엽토처럼 썩은 나무 부스러기가 묻어났다. 여기저기에서 낙엽을 긁어다가 그것을 덮어주었다. 어느 노숙자의 시신을 염해준다면 그런 기분이었을까.

도대체 그 장승은 나에게 무슨 인연으로 다가왔다가 돌아간 것일까. 어째서 한갓 아련한 기억으로 남을 웃음만 주고 갔을까. 나는 어려움에 처했을 때나 뭔가 마뜩잖았을 때도 장승같이 웃어본 적이 있던가. 신이 인간에게만 특별히 안겨준 웃음이라는 선물을 받고도 그 기능을 유용하게 발휘한 횟수가 얼마나 될까. 남을 배려하는 웃음보다 희화화하는 데 동조하며 웃고 살지는 않았는지 모르겠다. 행복해서 웃는 게 아니라 웃어서 행복한 거라는 걸 왜 일상에서 자주 놓치며 살아왔을까.

계곡 언저리 맑은 물에 손을 씻었다. 그제야 장승과의 반복되었던 만남과 이별이 끝나고 있었다. 그러나 장승의 그 웃음은 내 속을 떠나지 않은 듯 연방 어른거렸다. 고인 물속에 맞은편 언덕 위 거대한 대학 연구소 건물의 그림자가 검붉은 노을을 깔고 병풍처럼 드리웠다. 어디선가 교회당 종소리가 들려오는 듯했다. 그것은 마치 노을 속으로 떠나가는 장승의 넋을 기리는 장송곡처럼 울려왔다. 나는 서둘러 자리를 떴다.

배낭을 메고 어스름 산길을 내려오는데 바로 길섶에 옛 장승이 서서 그 특유한 웃음으로 나를 배웅하는 듯했다. 그 웃음은 내 가슴속 깊은 곳에 그리움처럼 번지고 있었다.

주홍빛 줄무늬 우산

 며칠 전 그걸 잃어버렸다. 20여 년 고락을 함께한 것이어서 마음이 꽤 허전했다. 그것은 우연히 내게로 왔다.

 90년대 초반, 광화문 부근 직장에서 근무하던 시절이었다. 늦은 퇴근길에, 보도에 떨어져 있는 우산을 발견했다. 그것을 주워 근처 어느 가게에 맡겼는데 열흘이 지나도 임자가 나타나지 않는다며 가게 주인이 돌려주기에 집으로 가져오게 되었다.

 약간 낡아 보였으나 브라운 바탕에 중간과 아랫부분에 주홍빛 줄무늬 테두리가 있어 제법 세련되어 보였고, 외제 상표에다 신소재 제품이라는 표시가 붙어 있었다. 아내는 디

방으로 발령받아 가족을 떠나 있을 때도 그것은 나와 함께 있었고, 출장이나 여행, 특히 주말 등산을 갈 때는 어김없이 동행했다.

몇 차례인가 그것을 잃어버릴 뻔한 적도 있었다. 그러나 용케도 되돌아오곤 했다. 지하철이나 버스에 두고 내렸다가 되찾은 일도 있고, 사무실 여직원이 빌려 갔다가 가져오지 않기에 재촉하여 건네받은 적도 있었다. 스위스로 여행을 갔을 때는 알프스의 '융프라우요흐'라는 높은 설원에서 사진을 찍다가 바람에 날려버릴 뻔하기도 했다. 요행히 울타리 줄에 걸려 통제구역으로 막 넘어가려는 것을 가까스로 붙잡았다. 다른 우산은 잃어버려도 예사였는데 그것은 왜 그리 애착이 갔는지 모를 일이었다.

행정 연수로 영국에 체류하는 동안 안개가 낀 런던 거리의 궂은비를 막아 준 것도 그 우산이었다. 한동안은 영국 남쪽 해안에 있는 '워딩'이라는 조그마한 휴양도시에 머문 적이 있었다. 퇴락했으나 고풍스럽던 저택들, 그 사이로 길게 늘어진 쓸쓸한 거리들, 숙소에 이르는 긴 모래밭길, 나는 비가 올 때나 햇빛이 눈부실 때나 그 주홍빛 줄무늬 우산을 쓰고 다녔다. 그때 퇴색한 우산이 그 도시와 어울린다는 생각을 하면서 영국 작가 '서머싯 몸'이 어느 작품에서 이런 도시의 낡은 고택들을 가리켜 '초라하나마 퇴락한 가문의 긍지를 잃지 않으려는 옛 귀부인의 풍모와 같아서 오히려 보기 좋다'고 표현했던 것을 떠올리곤 했다.

어느새 나도 우산처럼 늙어 정년퇴직을 하게 되었다. 나는 등산을 자주 하게 되었고 그 우산을 주로 등산용으로 썼다. 나중에는 아예 등산배낭 속에 들여앉혔다. 그동안 험한 산길을 헤치고 다녀선지 몇 번이나 살대 끝이 삐져나오고 휘어졌다. 그때마다 바로잡아 주었다. 손잡이가 깨져 비슷한 것으로 바꿔 끼기도 했다. 그래도 그 형체와 뼈대는 크게 흐트러짐 없이 여전히 품위를 잃지 않았다.

어느 일요일 산행에서 소낙비를 만나 그 우산을 쓴 것이 마지막이 되어버렸다. 비가 그쳐 우산을 접어 든 채 친구들과 청계산을 내려오던 중에 내 왼쪽 다리가 쥐나는 바람에 잠시 법석을 떨다가 그만 잃고 말았다. 나중에야 알아채고 황급히 되돌아가 봤지만 이미 거기엔 우산이 없었다. 오가던 길을 다시 살펴보았으나 소용이 없었다. 잠시 그 자리에 주저앉았다.

그 우산을 그토록 오래 붙잡고 있지 말았어야 했다. 어둡고 좁은 배낭 속에 내버려 둔 것도 마음에 걸린다. 차라리 10여 년 전 알프스의 만년설 위에서 그것을 놓쳐 날렸을 때 애써 가져오지 말았어야 했는지 모른다. 그랬더라면 '노스페이스' 빙벽이 바라보이는 그곳에서 그 나름대로의 한살이를 산뜻하게 마감했을 것이 아닌가.

주홍빛 줄무늬가 은은히 내비치던 그 우산이 자꾸만 눈에 밟힌다.

우린 과연 호모 비블로스인가

 책을 읽다가 좋은 문장이 나오면 메모를 한다. 참고할 만한 긴 부분은 아예 복사해 두기도 한다. 그런데 이런 나의 기록들은 대부분 무용지물이 되고 만다.

 과거 공직생활을 하면서도 그랬다. 업무나 연구에 필요한 자료들을 숱하게 수집했지만 일회용으로만 사용되고 버려지고 말았다. 내 자료의 손실이야 나라는 개인에게나 그치지만 정부부서나 공공기관이라면 말은 달라진다.

 80년대 초쯤이었을 것이다. 당시 총무처 행정조사연구실에서 한때 근무했을 때다. 그곳은 행정기관 및 정부 투자기관의 제도와 운영 개선을 위한 조사연구를 담당했다. 하지만 연구를 뒷받침할 만한 문헌자료실도 제대로 갖추지 못해 아쉬움이 많았다. 그 기관의 전신인 행정개혁위원회가 해체되면서 종합청사 1층에 있던 종합자료실을 폐지해서였다. 청사 내 부처 조직 개편으로 방이 모자라게 되자 자료실을 없애기로 한 것이었다. 자리를 잃자 건국 후 수집된 자료들은 지방대학 교수들이 횡재한 듯 골라서 차에 실어 가고 그나마 남은 자료들이 바닥에 나뒹굴던 광경이 눈에 선하다.

90년대 중반에 교육개혁위원회에서 전문위원으로 근무했을 때 그곳 역시 자료실이 없었다. 정책자료는 그때그때 필요에 의해 출장을 가서 구해 오거나 국회도서관이나 국립중앙도서관 등을 뒤져 옛 연구 문헌을 참조하는 식이었다. 또 관련 전문 교수에게서 최신 연구 자료를 협조받거나 해서 계획 초안을 마련하기도 했다.

그런데 연구보고서를 위해 그렇게 요긴하게 쓰였던 그 자료들은 다 어디로 갔을까? 정권이 바뀔 때마다 교육개혁 위원회는 해체되었다가 그와 유사한 이름을 달고 다시 생겨나곤 했다. 그러면 그동안 모았던 1차 자료들은 분명히 다음 연구자들을 위하여 체계적으로 보존 관리되어야 하지 않았을까?

교육부에 있을 때 업무와 관련한 자료수집을 위하여 미국 출장을 다녀온 적이 있었다. 미국의 대학교수들에게 지급되는 학술연구비가 어떤 기준과 절차를 거쳐 지급되는지, 국가와 대학연구소 간의 과학기술 분야의 연구 협력이 어떤 식으로 이루어지는지 알아보기 위해서였다. 미국의 캘리포니아공대Caltech, 시카고대학, 존스홉킨스대학, 일리노이대학, 컬럼비아대학, 라이스대학 등을 방문하고, 관계자들과 협의를 거쳐 관련 자료들을 수집하였다. 다행히 출장 비용은 유엔개발계획UNDP의 지원으로 이뤄졌다. 미국의 국립과학재단NSF과 국립보건원NIH의 대학별 연구비 지원 사례도 조사했다.

출장 자료들을 정리하여 원본은 사무실 문서로 보관하고 사본은 귀국보고서에 첨부하였다. 승진 발령으로 지방대학에 나갔다가 한국학술진흥재단에 기획실장으로 파견 근무하게 되면서 그것들이 그곳 재단에 더 필요한 자료임을 깨닫고 찾았으나 헛일이었다. 그 몇 년 사이에 교육부의 부서 간 통폐합 등으로 자료의 행방을 찾을 수가 없었다.

당시에는 업무의 전산화와 인터넷이 일반화되지 않은 때여서 정책 입안이나 제도개선 등의 방안을 세울 때는 앞선 연구 문서나 기록자료를 찾아 검토할 수밖에 없었다. 물론 국가의 주요 문건이나 역사 자료는 정부 차원에서 법령에 의해 체계적으로 보존되었지만 그런 보존물은 유용성에 한계가 있고 공개가 제한되었다. 그랬기에 많은 공직자나 국비 유학생들은 수집해 온 선진국 자료들은 개별적으로 캐비닛 등에 보관하거나 근무 부서를 옮길 때 가지고 다녔다.

과거 내 개인에 대한 기록 행적은 어떠했는가? 특히 고교 시절, 사춘기에 겪었던 여러 사연, 그때그때의 심경을 절절히 수놓았던 수십 권의 일기장과 독서노트는 다 어디로 갔는지, 언제 어떻게 없어졌는지 알 길이 없다. 과거 영화광 시절 모았던 영화 팸플릿, 포스터는 한 장도 없이 사라진 것도 언젠지 모르겠다.

그 기록들의 일부가 당시 질풍노도와 같았던 나의 심기를 과장 표현하고 현학적인 치기稚氣도 지니고 있어 나중에 보았을 때 자가당착과 자기혐오를 불러일으켰을 수도 있었을 것이다. 그렇더라도 그것이 사실 기록이면서 미숙하나마 내 생애의 꽃봉오리 같았던 시절에 느꼈던 내면세계의 단면을 생생하게 그려놓았던 것이 아니겠는가. 그 기록자료들을 잘 보존했더라면 나는 보다 풍요로운 의식 체계를 가지고 지난날을 회상하며, 더 살아 있는 글을 쓸 수 있었을지도 모를 일이다.

인류의 역사가 몇백만 년 전의 유인원類人猿에서 도구를 사용하는 직립 인간으로 머물러 오다가 호모 사피엔스(Homo spiens, 지혜를 가진 인간)로 진화한 것이 몇십만 년 전으로 추정하고 있다. 그런데 불과 4, 5천여 년 전부터 인류는 급진적으로 발전을 가속화하여 오늘날 모든 분야에서 첨단 문명의 꽃을 피우고 있다. 인류가 문자를 발명하고부터 축적된 지혜를 기록하고 후대에 전승할 수 있게 되었다. 문명은 급속도로 발전하고 인류는 마침내 호모 비블로스(Homo Biblos, 기록하는 인간)라 불리게 되었다. 인류의 문명은 기록의 총량이라고 해도 될 터이다.

　개인으로서도 현재의 기록은 미래 성장의 밑거름이요, 자양분이 된다는 데까지 생각이 미치면 과거 기록 관리에 소홀했던 나 자신이 참 딱하고 유감스럽다. 나는 호모 사피엔스일지는 몰라도 호모 비블로스는 결코 아닌 모양이다.

진짜 스스로가 대견했다면 뒤도 돌아보지 않고 제 갈 길을 갈 일이지 웬걸, 나는 그만 뒤돌아보고 말았다. 궁금해서 꼭뒤가 다 간지러웠던 모양이다. 백사장 둔덕에 친 간이 텐트 앞에 여자가 서 있는 게 보였다. 텐트 차양막 아래에는 선글라스를 낀 어깨가 딱 바라진 남자가 비스듬히 앉아 있었다. 순간 속이 쓰린 건지 저린 건지 알 수 없는 기분이 들었다.

4

갯벌에서 생긴 일 •
한 리더의 신화 •
어느 친구 이야기 •
산길 •
토스카의 희극 •

개펄에서 생긴 일

지난 초가을, 서울에서 가까운 서해안 대부도 구봉산 트레킹에 나섰다. 우리 산악회 등산 스케줄에는 가끔 해안의 구릉지대 트레킹이 끼어 있었다.

그날, 하늘도 맑고 햇살도 따사로웠다. 해변 방파제로 시원스럽게 이어지던 길은 해송 우거진 숲속을 오르내리기도 했고 한적한 백사장으로 접어들기도 했다.

우리는 모처럼 비릿한 바다 내음과 청량한 해송의 향내, 그리고 알맞게 배어드는 땀의 촉감으로 산악 등산과는 색다른 힐링을 즐겼다. 구봉산 기슭 펑퍼짐한 모래 둔덕에서 해안 절경과 가만한 갯바람을 마주하며 먹은 도시락 성찬도

일품이었다.

어느새 썰물이 되어 바다는 꽤 멀리 밀려나 있었고, 백사장 끝에서 이어진 꺼무스레한 개펄이 드넓게 펼쳐져 있었다. 개펄 가운데 한 곳에는 낮은 바위 턱이 듬성듬성 드러나 있었고, 사람들이 바지락을 캐는지 모이고 흩어지며 움직이고 있었다. 나도 그곳에 가고 싶다는 생각이 일었다.

우리가 타고 온 전세버스가 해수욕장 입구에서 차량이 정체되어 출발을 한두 시간 늦춘다고 했다. 각자 자유 시간을 갖기로 했다. 나는 일행 몇 사람과 갯벌을 산책하기로 했다.

저만치 보이던 개펄 둔덕으로 가는 길은 순탄한 줄 알았는데 실제로 가보니 곳곳에 발 빠지는 수렁이 연달아 있었다. 다들 되돌아가고 나 혼자만 발을 가려 디디면서 겨우 그곳에 갈 수 있었다.

뻘밭엔 많은 사람이 들어와 있었다. 긴 고무장화를 신고 갈고리와 호미로 조개, 맛, 낙지 같은 것들을 빠른 손놀림으로 캐서 담는 어촌 사람도 있었고, 개펄을 뒤져서 바지락을 줍고 즐거워하는 관광객도 있었다. 뾰족뾰족 솟은 작은 갯바위들은 하얗게 달라붙은 굴 껍데기로 칠갑한 듯 살벌해 보이기도 했다.

나는 그곳에서 마냥 기웃거릴 수 없어 일행이 있을 백사장 쪽으로 발길을 돌렸다. 돌아오는 길은 왔던 길이어서인지 훨씬 수월했다. 그런데 모래사장에 거의 다 와서 사달이 벌어졌다.

어떤 여인이 펄 구덩이에 발이 빠져 어찌할 줄을 모르고 있었다. 보아하니 오른발이 펄 속에 박혀 빼내지를 못하고 무던히도 애를 쓴 것 같았다. 화려한 무늬의 양산도 개펄 위에 내팽개쳐져 있었다.

여인이 나를 쳐다봤다. 삼사십 대로 보이는 갸름한 얼굴이었다. 구원을 요청하는 듯한 표정이었다. 시간이 지체되더라도 여인을 구조해야 했기에 다가갔다. 하얀색 블라우스에 감청색 칠부바지, 산뜻한 차림이었으나 그녀는 거의 패닉상태에서 풀이 죽어 있었다.

처음엔 언뜻 여인의 다리를 잡고 텃밭에서 무를 뽑듯 빼내려고 생각했다. 그런데 그렇게 해결될 상황이 아니었다. 등산 배낭에서 스틱을 꺼내어 펄 속에 묻힌 발 주위를 후벼 파고, 장갑 낀 손으로 개펄을 걷어 냈다.

여인의 신발은 샌들이었다. 물통에서 식수를 부어 펄을 씻어내고 발등과 뒤꿈치를 조이고 있던 밴드 고리를 풀어 우선 발부터 빼냈다. 하얗고 고운 발 모양새였다. 생전에 여자의 예쁜 발을 자세히 보는 것은 처음이었다. 파묻힌 신발은 평평한 밑창이 펄과 밀착되어 꺼내는 데도 애를 먹었다.

여인은 생기를 찾았다. 콧등에 송골송골한 땀방울을 훔치며 나에게 죄송하고 감사하다며 몇 번을 조아렸다. 나는 생명의 은인이라도 된 양 치사를 받으며 백사장으로 걸어 나왔다. 여인도 백사장 쪽으로 나오며 펄 묻은 샌들과 양산을 흔들었다. 일행이 기다리고 있어 빨리 가봐야 한다며 손을 흔들었지만 속으로 여인과 별 대화도 없이 헤어지는 것이 아쉽다는 생각이 들었다. 잠시라도 함께 걸으며 혼자 왔느냐고 물어도 보고, 해변 찻집에서 차라도 한잔하고 싶었다. 마음이야 굴뚝 같았지만 나는 고개를 젓고 말았다. 기껏 기사도騎士道 정신을 발휘했으면 그걸로 끝내야지 그에 대한 응대를 기대하는 것은 속물근성이라며 자책했다. 그러면서도 의인처럼 행동하고 표연히 돌아선 내 모습은 얼마나 쿨하고 멋있느냐며 스스로 대견히 여겼다.

진짜 스스로가 대견했다면 뒤도 돌아보지 않고 제 갈 길을 갈 일이지 웬걸, 나는 그만 뒤돌아보고 말았다. 궁금해서 꼭뒤가 다 간지러웠던 모양이다. 백사장 둔덕에 친 간이 텐트 앞에 여자가 서 있는 게 보였다. 텐트 차양막 아래에는 선글라스를 낀 어깨가 딱 벌어진 남자가 비스듬히 앉아 있었다. 순간 속이 쓰린 건지 저린 건지 알 수 없는 기분이 들었다.

서울로 돌아가는 버스 안에서도 쓰리고 저린 기분은 가시지 않았다. 대낮에 개펄에서 뒤통수 한 대를 맞은 것 같기도 하여 은근히 부아가 치밀었다.

"아니 그 녀석은 자기 여자가 펄 구덩이에 빠진 걸 보고만 있었단 말인가? 내가 별짓을 다 하여 제 여자를 구조하는 광경을 즐기고만 있었단 말이지. 에잇, 천하에 못돼 먹은 자식 같으니라고!"

부아 돋은 내 얘기를 들은 일행 모두는 박장대소했다. 나도 따라 웃기는 했지만 영 개운치 않았다. 종심從心의 나이에 마음이 잠깐 흔들린들 부자연스러운 일도 아닌데 그렇다고 웃음거리로 만들 일도 아니잖은가. 펄 속에 빠진 여자의 발을 빼주느라 팔심을 다 축내고도 결국 헛물컨 해프닝으로 계면쩍은 꼴이 드러나버렸다. 그럴 바에야 발설하지 말고 차라리 마음속에 그냥 묻어두고 말 것을.

한 리더의 신화

H원장과 나는 90년대 말 교육부장관으로부터 임용장을 받는 자리에서 처음 만났다. 그는 K대학병원 원장으로, 나는 그 병원의 상임감사로 임명되는 자리였다. 대화를 해보니 전부터 아는 사람처럼 친근감이 느껴졌다.

둘이서 점심을 하기로 했다. 그날은 초겨울 날씨에 진눈깨비까지 흩날렸는데, 광화문 청사에서 무교동 하동관까지 걸어가면서 그간에 일어났던 병원 현안에 관해 얘기했다. 나는 적이 놀라고 심란해졌다. 그와 쇠고기 국밥 한 그릇씩 먹고, 앞으로 서로 잘해 보자고 다짐하며 헤어졌다.

정년을 1년 앞두고, 명퇴하여 새 임지로 향하게 된 내 심정은 그날 날씨처럼 음산하고 착잡하였다. 그 당시의 K대학병원은 운영상 많은 문제가 드러나 전임 원장은 정직 상태에 있었고, 직원 8명이 구속되거나 징계처분을 받은 상황에 있었다. 신임 H원장은 그 병원의 외과의로서 한때 진료처장도 지냈기에 누구보다도 그 실상을 꿰뚫고 있었을 것이다.

그가 새 원장으로 취임한 후, 전국 국립대학병원 중 최악의 만년 적자였던 그 병원을, 어떻게 흑자 병원으로 전환시키는가를 나는 재임 2년 동안 지켜보았다. 그때의 역동적인 과정은 한 편의 드라마였다.

H원장은 취임하자마자 '병원 운영 정상화와 흑자 경영'을 목표로 내세웠다. 매주 전략회의에서 만성 적자 요인을 분석하고, 부서별로 의료 서비스 질 향상 운동(QI 운동)을 펼치는 작업을 진두지휘하였다. 매일 이른 아침 각 병동과 응급실을 순회하고 참모회의를 주재했다. 각 부서 업무 개선 추진 사항들을 목표치로 정하고 매주 진도 체크하였는데 그 대상 아이템이 150여 개가 넘었던 것 같다.

그러한 H원장의 열정으로 병원 전체가 온 힘을 쏟아 가는 것을 보고 나는 감사 업무보다 병원행정 협조 분야에 취약

부분을 바로잡아주는 데 주력하였다. 취임 수개월이 지나자 침체됐던 병원 경영에 새로운 동력의 전환점이 보이기 시작했다.

전국의 국립대학병원은 그 몇 해 전 특수법인으로 전환되어 국고지원금이 거의 중단된 상황에서 독립채산제로 운영되어야 했다. K대학 병원은 서부 경남의 유일한 3차 의료기관이었지만 중소도시에 위치하였고, 인근지역은 낙후된 농어촌지역이었기에, 도청 소재지에 자리 잡은 다른 국립대학 병원보다 경영 여건이 더 취약했다. 게다가 의료진과 직원들의 보수적이고 안일한 근무 자세도 큰 문제였다. 이른 새벽에 병원에 온 응급환자를 주변에 대기하고 있던 타 병원 구급차가 실어 가는 사례도 있어 H원장이 한동안 새벽에 응급실 운영을 직접 챙겨보기도 했다.

H원장은 부임 초부터 나에게 제안했다.

"감사님도 참모회의에 매일 참여하시는 게 어떨까요? 병원 운영에 우리가 미처 생각 못하는 사항도 조언해주시고요."

서로에게 거북할 법도 한 얘기인데 그만큼 병원 경영을

투명하게 이끌겠다는 자신감이 있어서였을 것이다. 나는 매일 참모회의에 참석하여 병원 돌아가는 상황을 유심히 관찰하게 되었다. 대규모 종합병원은 항상 사건 사고와 말썽이 될 만한 일들이 안팎에 도사리고 있어 언제나 주의를 기울여야 했고 일이 터졌을 때를 대비한 대책을 마련해 두어야만 했다.

그런 와중에서 언제나 병원의 재건을 위해 몰두하는 그의 자세는 성전聖戰을 치르는 고독한 장수의 모습 같았다. 굵은 안경테 너머 넓게 휘어진 눈썹, 그 아래 고요히 빛나는 눈매와 단정한 입매는 부드러우나 단호한 기운이 서려 보였다. 그의 말씨는 경상도 사투리로 투박하나 조리가 있고 설득력이 있었다.

그는 수시로 참모진과 직원들에게 격의 없이 방책을 제시하고 의견을 구했다. 부서별로 직원들과 대화의 장을 마련하고 점심을 샀다. 병원장의 판공비와 업무 추진비에 그의 사비까지 보태어 직원 사기진작에 투자했다. 그는 어느 결에 구성원 각자에게 일터에 대한 자부심과 신뢰를 구축했고, 의료진과 직원들 사이에 결속과 협력을 끌어냈다.

취임한 지 2년이 되는 11월쯤 그는 감사인 나에게 자신의 결심을 내비쳤다. 그해의 이익금에서 의료진과 직원 전원에게 성과급을 지급하자는 것이었다. 나는 좀 당황스러웠다. 그러나 원장의 순수한 의도를 알 수 있었다. 최선을 다하는 직원을 격려함으로써 그들의 분발을 촉구하고 종내 병원 위상을 굳건한 반석 위에 올리자는 것이었다.

병원의 재정과 경영 상태를 살펴보았다. H원장 취임 후 경영혁신으로 1년 만에 재정은 흑자로 전환되었고, 2년 차에는 의료 수익이 전 해보다 20~30%를 웃도는 성장세를 보이고 있었다. 그 2년 만에 입원환자와 외래환자 증가세가 국립대학병원의 선두 그룹에 올라 있었다. 나는 즉시 원장의 뜻에 동의했고, 매년 사업과 예산을 통제하는 교육부 담당관을 어렵게 설득하기도 했다. 그해 연말에 추경 절차를 거쳐 1,200여 명에 이르는 전 구성원에게 월봉 100%의 성과급을 지급하는데 협조했다.

그로부터 2년 후, 2003년도 국회 국정감사 자료에서 전국 10여 개의 국립대학병원 중에서 유독 K대학병원만이 흑자 경영을 이뤄냈다는 보도기사를 보았다. 그때는 의약분업

개시 등 여러 가지 의료환경 변화 요인으로, 대학병원 수익이 대폭 감소하는 상황에서 그러한 성장세를 보인 것은 매우 주목할 만한 실례라고 했다. 그것은 H원장이 병원 경영 혁신으로 이룩한 하나의 신화였다.

나는 그 무렵 서울대 보건대학원 보건의료정책과정을 다닌 적이 있다. 그곳에서 〈국립대학병원 경영혁신 사례〉라는 제목으로 K대학병원 성공 사례를 실증자료로 들어 발표했다. 대규모 병원의 경영 성과가 경영자의 역할에 따라서 얼마나 달라질 수 있는지를 여실히 보여주는 감동적인 사례라는 평가를 받았다. 보건의료계에 내로라하는 고위직 인사들이 모인 자리였다

그 후 H원장은 K대학교 총장을 역임했고, 국가보훈처 산하 중앙보훈병원 원장으로도 재임했다. 그가 임기를 마치고 퇴임할 때 보훈병원 임직원들이 그의 획기적인 병원 발전 공적을 담은 재임록을 만들어 그에게 헌정했다. 그는 거쳐 가는 곳마다 그 조직의 성공신화를 만들었던 것이다.

요즈음, 혼탁한 정치사회 기류 속에서 날마다 숨쉬고 있는 우리에게 H원장 같은 청량淸良하고 유능한 리더가 매우

필요하다는 생각이 든다. 나는 지금도 그 시절, 그의 열정을 떠올리며 잔잔한 감동에 젖곤 한다.

어느 친구 이야기

 중년에 접어들어 경기도 S시 교육기관에 근무할 때였다. 인근에 있는 기관으로 전근 왔다며 그가 나를 찾아왔다. 도道 단위 회의나 연수 같은 모임에서 종종 보던 얼굴이었지만 나와는 그냥 데면데면한 사이였다.

 차츰 가까이 대해보니 그는 개성이 강하고 성품이 좀 거친 것 같았다. 짙은 눈썹 아래 부리부리한 눈, 가무스름한 얼굴빛이 그 시절 할리우드의 배우 클라크 게이블을 연상시켰다. 반듯하게 솟은 콧날은 그에게도 낭만적인 구석이 있을 것 같다는 느낌을 주었다. 특히 옆모습이 그랬다.

 나와는 그다지 맞지 않을 것 같았는데 그가 자주 어울리자고 했다. 게다가 교외에 있는 우리 집 근처로 이사를 오게 되어 이웃사촌이 되었다. 퇴근 후에 자주 나를 대폿집으로 불러냈고, 우리는 밤늦게 거나하게 취해서 집으로 걸어오면서 스스럼없이 심한 농도 주고받게 되었다.

어느 날이었다. 그는 무척 화가 나 있었다. 내가 약속 시각보다 좀 늦게 나간 탓인가 싶었는데 그게 아니었다. 벌써 정종 한 병을 시켜놓고 주전자를 비우고 있었다.

"박 형, 나 오늘 별 개떡 같은 친구를 다 봤어."

"뭔데, 왜 그래?"

최근에 한직閑職에서 감독청 핵심부로 깜짝 발탁된 동료 친구 얘기였다. 나도 알만한 친구였다.

"그 친구, 그 자리에 앉더니만 눈깔 까는 것부터 달라 보이더라구. C8 자식!"

그는 그렇게 입이 험했다. 그러나 그가 토해내는 막말들은 묘하게도 카타르시스를 느끼게도 했다.

그는 게임에 능숙했다. 고스톱이나 내기 당구에서 나는 번번이 그의 호구였다. 당시 기승을 부렸던 파친코에도 달인이 되어 있었다. 어느새 지역 내 마작꾼들과 어울려 돈을 따서 술값을 번다고 으스댔다. 그런 그에게 한마디했다.

"당신은 주색잡기에는 타고난 사람이야."

"아니야, 잡기는 그렇다 치고, 주색은 당신이 가져가. 당신이 딱이야!"

나는 분개했고 엄청 억울했다.

게다가 그는 이죽거리기를 좋아했다. 그가 40세로 접어들자, 39세로 한 살 아래였던 나에게 자기는 40대이니 30대가 함부로 맞먹으려 들면 안 된다 했고, 딸 둘에 고대하던 득남을 했을 때는 역시 딸 둘이었던 나에게 아들 하나 못 만드는 참 딱한 양반이라 했다. 그리고 사무관 승진시험에 나보다 먼저 합격하자 이제 사무관과 주사는 격이 다르니 예의를 좀 갖추라고도 했다. 물론 농담이었지만 내 속을 은근히 긁어대는 말들이었다.

1년 후 나도 승진시험에 합격했다. 그는 두 번 시험을 쳐서 합격했지만 나는 운 좋게도 단번에 합격했다. 그의 축하인사에 모처럼 반격을 할 수 있었다.

"무슨 시험을 개고생하면서 두 번씩이나 쳤는가?"

막상 말을 그렇게 뱉았지만 나는 속으로 부끄러워하고 있

어느 친구 이야기

었다. 사실은 고마운 마음이 더 컸다. 그가 나에게 물려주었던 시험 자료집 덕이었다. 그것은 그가 행정법, 행정학, 경제학 등 논술식 문제 내용을 단권으로 요약 정리한 노트였다. 거칠게만 보였던 그가 어떻게 그렇게 일목요연하게 예상문제의 핵심을 압축시켜 놓았는지 감탄할 지경이었다. 노트를 작성할 공력도, 시간도 없었던 나는 그의 노트에서 큰 도움을 받았다. 결국, 그는 실력으로 합격했고, 나는 '샐리의 법칙' 같은 행운이 작용하여 합격한 것이라는 느낌을 지울 수가 없었다.

그가 좀 엉뚱하다고 보인 것은 그뿐만이 아니었다. 그의 걸쭉한 대화 속에 격조가 느껴질 때가 빈번했다. 대화 중에 아포리즘이나 수사학적인 표현이 번뜩일 때였다. 그런 때는 다시 보게 되었고 그가 멋있다고 생각되기도 했다.

어느 술자리에서였다. 내 옆의 파트너가 고운 손으로 술을 따랐다. 그 손을 보며 나는 〈그대의 찬 손〉이라는 오페라 아리아 첫 구절이 떠올라 주워섬겼다.

"그대 손이 차가워 보이네, 내 손으로 따뜻이 데워주고 싶은데…."

그러자 맞은편에 앉은 그가 옆 파트너의 손을 덥석 잡고 한술 더 떴다.

"이 하찮은 순례자의 손이 성스러운 그대의 손을 더럽혔소, 내 입술로써 그 더러움을 씻어주리다."

그러면서 천연덕스럽게 그 손등에 입술을 댔다. 나는 얼핏 영화 〈로미오와 줄리엣〉 한 장면을 떠올렸다. 아니나 다를까 그는 로미오가 캐플렛 가家의 가면무도회에 숨어 들어가 그 집 딸 줄리엣과 첫눈에 반해서 휘장 속에서 벌였던 러브신, 그 반복되는 키스 과정을 극 중에 곁들인 대사를 읊조리며 흥미진진하게 떠벌리는 것이었다.

나는 할 말을 잃었다. 언젠가 그가 셰익스피어 전집을 독파했다고 했는데 나는 믿지 않았다. 그러나 믿어야 할 것 같았다.

그날 저녁 술자리가 끝날 무렵, 그는 취중에 또 다른 모습을 보여주었다. 그의 파트너에게 사뭇 진지한 듯 말하는 것이었다.

"나 진작에 그대에게 절친하자고 아그레망을 보냈건만 아무 회신이 없네그려."

평소에 저돌적이던 그가 전혀 다른, 예의 바른 로맨티시스트로서 면모를 보이고 있었다. 그는 한 여인의 마음을 얻으려 작업에 들어갔고, 타깃의 그녀가 난공불락의 성채였는지는 지금도 알 길이 없다.

그와 나는 수삼 년을 술벗으로 지내다 승진 인사발령으로 헤어지게 되었다. 나는 다른 지역을 거쳐서 서울로 전입하였고, 얼마 후 그도 서울로 전입하였다. 그 후 수년 동안 같은 서울에서도 그렇게 자주 만나지는 못했다. 나는 업무에 파묻혀 술과 담을 쌓고 지냈고, 그는 큰물 만난 고기처럼 교제의 폭을 넓혀가며 활발하게 사는 것 같았다.

그러던 어느 날 그가 교통사고로 세상을 떴다는 기별을 받았다. 허탈했다. 그의 장례식장, 원자력병원 넓은 뜰에는 문상객이 몰려 있었다. 서울로 온 지 몇 년 되지 않는 기간에 그렇게 많은 사람과 친교를 쌓을 수 있었다는 것이 놀라웠다. 야성의 발톱에 지성의 부리를 함께 가졌던 별난 독수리, 그가 나래를 더 펴지 못하고 요절한 것이 안타까웠다.

그는 나에게 소중한 추억들을 남겨주고 갔다. 그는 굵고 짧은 생을 멋지게 살다 갔지만, 나는 그냥 가늘고 길게 살면서 그를 추억하고 있다. 그는 기마병처럼 먼저 갔고, 나는 보병처럼 뚜벅대며 지금 걸어가고 있는 셈이다.

산길

천마산 초입 산언저리 경사지대에는 대단위 아파트 단지가 들어서고 있었다. 산으로 이어지는 길은 예전의 오솔길이 아니라 잘 닦인 포장도로로 변해 있었다. 길을 따라 조금 오르다 보니 S여대 생활관 입구가 금세 나타났다. 하늘이 가려질 정도로 무성한 수풀과 넝쿨들을 헤치고, 머루 다래를 따 먹으며 비탈길을 한참 걸어 내려오던 30여 년 전 기억이 아련했다.

포장된 길을 따라 걸어봐도 산행의 정취를 느낄 수 없었다. 지름길로 가기 위해 길 아래 계곡을 건너서 본격적인 산길로 들어섰다. 마주친 포장길을 건너뛰어 잣나무 숲으로 덮인 산허리께로 치고 올랐다. 그제야 옛 천마산의 맑고 깊은 산기운이 스며들었다.

산속에는 늦가을 적막함이 완연했다. 기대했던 천마산 단풍은 일주일 전에 내린 비와 갑작스레 들이닥친 한파로 모두 흑갈색으로 쪼그라져 붙어 있었다. 한여름 무성하게 푸른 잎을 자랑했을 상수리나무들도 앙상한 가지가 드러나 있었다. 떨어진 가랑잎들이 사방에 지천으로 널브러져 있는 사이로 간간이 이어지는 푸른 솔밭엔 적갈색의 솔가리들이 정연히 가로로 꽂혀 있는 것이 보였다.

아득한 날에 만들어졌을 산길에는 많은 사람이 가지가지 애환을 안은 채 오르내렸으리라. 나무꾼, 약초꾼, 사냥꾼, 한때 은신했다는 임꺽정의 무리들도 지났을 것이다.

요즈음 산길에는 많은 구조물이 생겼다. 필요 이상으로 길게 뻗친 가파른 계단 길은 편한 것 같지만 힘들고 짜증스럽기도 하다. 얼마 전 지리산 종주 길에 상도봉과 토끼봉, 명성봉 사이에서 끝없이 반복되던 나무계단에 진력난 일이 생각났다. 산 초입부터 난 포장도로가 산속 깊숙이 자리 잡은 사찰까지 이어지는 경우가 많았다. 덕유산 정상 바로 아래턱에 있는 백련사까지 올라가는 무주구천동 계곡 길도 한쪽이 찻길로 포장되어 몹시 마땅찮았다. 천마산에도 통나무 계단 길이 많았다.

통나무 계단 길을 벅차게 밟고 얼마나 올랐을까. 이윽고 평탄한 오솔길이 나타났다. 소나무 군락지로 이뤄진 숲길, 밟히는 흙의 촉감이 푹신하고 부드러웠다. 편안하고 깊은 사색에 잠길 수도 있는 분위기였다. 고대 철학자들의 산책로가 이처럼 아늑한 산길이었을 것이란 생각이 들었다. 그 철학자의 길도 얼마 못 가서 곧 험난한 비탈길로 바뀌었다. 다시금 숨이 차서 헐떡이며 강행군을 계속하니 별로 무겁지 않던 배낭이 버겁게 느껴졌다.

오름길이 일단 끝나는 산허리에서 잠시 쉬기로 했다. 고된 산길에서 취하는 휴식은 달콤했다. 오이를 깎아 한 입 베어 먹으니 특유의 향과 싱그러움에 정신이 맑아졌다. 때마침 시원한 미풍까지 불어왔다. 바람도 제 길이 있는 모양이었다.

드디어 정상이 눈앞에 올려다보였다. 등산을 하다 보면 정상 턱밑에서 험난한 코스를 만나게 된다. 흔히 말하는 깔

딱고개. 인생의 성공 과정에서도 막판에 한 번쯤은 극복해야 할 고비가 도사리고 있다지 않는가. 다시금 호흡을 가다듬고 힘을 그러모아 바윗길을 타넘고, 숨이 턱에 닿을 지경이 되어 산마루터기에 올라섰다. '임꺽정 바위'라는 거대한 암벽 밑을 돌아서 다시 나무계단과 바윗길을 거쳐 드디어 태극기가 펄럭이는 정상 표지석에 다다랐다. 얼굴에 흥건한 땀을 훔치고 뻐근한 다리를 진정시켰다. 갑자기 온몸에 노곤함이 엄습해 와 만사를 제치고 산 위에 벌러덩 드러눕고 싶었다.

코발트색 하늘 아래 탁 트인 조망과 정상 벼랑 아래로 뻗은 아름드리 소나무들의 멋진 풍광은 나를 무아지경으로 이끌었다. 높은 산 정상에서 맛보는 기분은 엑스터시에 가까운 희열이요, 스트레스 쌓인 일상을 잠시 잊게 하는 정화제다. 굽이치는 물결처럼 아스라이 펼쳐지는 산들의 파노라마, 첩첩한 산봉우리들의 먼 실루엣을 찬찬히 바라봤다. 누군가가 손가락으로 가리키며 서울 쪽으로 북한산, 도봉산, 수락산도 보이고, 양평 쪽엔 용문산, 유명산, 백운봉 등이 보인다고 했다. 저 산봉우리들 밑에도 방금 내가 힘들여 올라왔던 고통과 희열이 담긴 조붓한 산길들이 갈래갈래 굽이지고 있지 않겠는가.

산 정상에 올랐으니 내려가는 것이 이치. 하산은 반대편 남측 능선길을 택하기로 했다. 내려가는 산길은 더 조심하며 힘의 안배와 균형 감각을 필요로 한다. 얼마 전 책에서 본 항룡유회亢龍有悔라는 사자성어가 떠올랐다. 뜻을 이룬 자가 절정에 올랐을 때 더욱 삼가고 조심하라는 《주역周易》의 가르침이다. 산은 말이 없으나 늘 인생의 큰 스승으로 버티고 서 있다. 산을 통하여 조신하면서도 의연한 삶의 덕을 배우고, 여생이 정정하길 바라며 산길을 걷곤 하는 것이다.

천마산 남쪽 하산길은 제법 험준한 암릉이었으나 아래 골짜기에 들어서자 비교적 평탄한 산길로 이어졌다. 계곡에는 마지막 남은 단풍들이 석양과 어우러져 화려한 빛깔을 더하고 있었다.

토스카의 희극

 거실에서 책을 읽다가 잠시 TV 음악 채널을 켠다. 푸치니 오페라의 토스카 마지막 장면이 끝나가고 있다. 인간이 만들어내는 최고의 슬픈 장면 같다. 관객들은 토스카의 마지막 투신 장면에 그 비장한 음악과 함께 열광하고 커튼콜을 연발한다. 역시 오페라는 비극으로 끝을 맺는 것이 감동의 파장이 짙게 퍼지는 모양이다.

 뜻밖의 이변으로 끝난 토스카의 에피소드가 얼핏 떠올랐다. 오래전에 어느 음악 지휘자에게서 인상 깊게 들었던 공연 비화다.

 19세기 초 오스트리아 점령군 시대의 로마가 그 무대배

경이다. 오페라 〈라 토스카La Tosca〉의 제3막, 로마의 성 안젤로 성城 옥상. 멀리 바티칸의 베드로 사원 지붕이 보이고, 밤하늘에 별이 반짝인다. 짧은 호른 연주에 따라 막이 오르고 양치기 아이들이 양을 몰고 오는 소리가 들린다. 이윽고 조금씩 먼동이 트기 시작한다.

이곳에서 화가 카바라도시는 사형을 받게 될 예정이다. 그의 친구인 정치범 탈옥수를 숨겨 주었다는 죄목이다. 병사들이 카바라도시를 데리고 나타나 간수에게 인계하자 그는 간수에게 반지를 뽑아주며 편지를 쓰게 해달라고 간청한다. 펜과 종이를 얻어 그의 애인 토스카에게 편지를 쓴다. 순간 슬픔이 복받치는 듯 종이를 던지고 캄캄한 성벽 위로 나온다.

애잔한 호른 독주가 흐르는 가운데 그 유명한 아리아 〈별은 빛나건만〉을 "E luceven, le stelle… Oh! dolci baci, o languide carezze….."로 시작하며 흐느껴 부른다.

"별은 빛나고, 대지는 향기로운데, 모랫길을 밟아오는 발자국 소리, 향기로운 그녀가 들어서며, 내 품에 안긴다. 오, 달콤한 입맞춤, 부드러운 손길로 날 떨게 하고, 그 아름다운 얼굴을 드러내는데…, 아, 이젠 영원히 사라진 사랑의 꿈이여, 절망 속에 나는 죽어가네, 나는 죽어가네…."

도대체 테너인 그의 성량은 어디까지일까. 시원하고 끝 간데 없이 포효한다.

잠시 후 뜻밖에도 토스카가 사형 집행장으로 달려와 카바로도시에게 숨 가쁘게 속삭인다. 총살형은 공포탄으로 집행될 것이니 총성이 나면 죽는시늉만 하라고, 그리고 병사들이 물러가면 자유를 향해 성 밖으로 나가자고….

토스카는 제2막에서 카바라도시를 살리는 대가로 그녀의 몸을 요구하는 경시총감 스카르피아에게 사면장과 출국 허가증까지 쓰게 했다. 그리고 질투와 욕정에 사로잡혀 덤벼드는 스카르피아를 식탁에 놓였던 칼로 여지없이 찔러 죽이고 이곳으로 달려온 것이다. 두 연인은 환희에 차서 사랑의 이중창을 부른다.

드디어 사형집행인이 다가왔다. 눈가리개를 씌우려 하자 그는 거절하고 벽에다 등을 대고 천천히 눈을 감는다. 사격수들이 일렬로 서서 일제히 사격하니 그는 쓰러진다. 이를 토스카는 잔잔한 눈길로 바라본다. 사격수들이 퇴장한 후에

카바라도시 곁으로 간 토스카는 그를 일으켜 세우려다 소스라치게 놀란다. 그는 실제로 실탄을 맞고 쓰러진 것이다. 교활한 스카르피아에게 끝내 속았음을 비통해하며 울부짖는 순간, 병사들이 스카르피아를 먼저 살해한 그녀를 잡으려고 밑에서 올라오는 소리가 들려온다.

"토스카가 저기 있다! 잡아라!"

그녀는 성채 위로 쫓겨 올라가 성 밖으로 몸을 던진다. 뛰어내린 성벽 위 허공에 핏빛이 낭자한 듯한 먼동의 햇빛이 솟구친다. 〈별은 빛나건만〉의 아리아 음곡이 더욱 웅장하게 울려 퍼지면서 오페라는 대단원의 막이 내려지는 참이었다.

청중은 일제히 일어나 극장이 떠나갈 듯 환호를 보내는데…. 아! 이게 웬일인가, 떨어졌던 토스카가 성벽 위로 도로 튀어 오르지 않는가? 그것도 한 번으로 끝나지 않고 두 번 세 번 계속 비명을 지르며 공처럼 방방 튀어 오르고 있었다. 이날따라 무대 커튼은 쉽게 닫히질 않고…. 한동안 관객들은 놀라고 어리둥절하다가 결국 웃을 수밖에 없었고, 그 웃음이 만장에 박장대소로 반전되었다고 한다.

토스카의 비극이 막판에 희극으로 반전된 것이다. 그것도 지극히 사소한, 무대 밖 소도구 담당의 불찰에서 빚어진 해프닝이다. 토스카가 떨어진 자리에 푹신한 매트 대신에 텀블링을 갖다 놓았던 모양이다.

오페라는 연극과 음악이 어우르는 무대예술이고 오케스트라와 성악, 그리고 무대연출이 최상의 융합을 이끌어 내야 하는 거대한 종합예술이다. 이런 오페라가 훌륭하게 성취되어 대미를 장식하려는 즈음에 한갓 깃털 같은 흠결 하나로 전체 웃음거리가 되는 결과는 과히 충격적이다.

《주역》에 "어린 여우가 강을 거의 다 건넜을 즈음 그 꼬리를 적신다. 이로울 바가 없다 小狐汔濟 濡其尾 无攸利."라는 구절이 있다. 강을 거의 다 건넜다는 것은 일의 마지막 단계를 의미하고 꼬리를 적신다는 것은 작은 실수를 저지른다는 것으로 이해할 수 있다는 해석이다. 그리고 이로울 바가 없다고 한 것은 유종의 미를 거두지 못함을 이르는 대목이다.

우리의 인생에도 늘그막에 이러한 토스카의 희극이 도사리고 있지 않은지 정작 새겨봄 직하다.

집에 와서 작정하고 낡은 턴테이블로 라흐마니노프의 〈피아노협주곡 2번〉을 튼다. 제1악장, 그 웅장하고 감미롭기도 한 격정을 뒤로하고 제2악장 아다지오 소스테누토를 유심히 들어본다. 꿈꾸는 듯한 느린 음조가 마치 소리 없이 내리는 비처럼 촉촉이 젖어드는 분위기다. 그 음률 속에 서정성과 절제미가 일관되게 흐른다.

5

가벼울 때 행복하다 •
나의 애마 •
화장과 성형 •
아다지오 소스테누토 •
지워지지 않는 잔상 •

가벼울 때 행복하다

 내 가방이 야위었다. 고작 책 한 권 정도와 메모장 그리고 필기구가 전부다. 직책도 야망도 다 털어버린 때문일까.

 학창 시절, 가방은 무거웠다. 목표와 꿈이 철광석 같은 무게로 가방 속에 담겼던 것일까. 고교 시절엔 사춘기의 낭만보다 대학입시 과제가 더 중했다. 공부를 열심히 하건 소홀히 하건 간에 교과서와 참고서, 영어 콘사이스, 도시락 등으로 무거운 책가방을 한손으로 들고 다녔다. 등하교 시 콩나물시루 같은 만원 버스 속에서는 정말 고역이었다. 그 책가방을 앉은 이가 받아 자신의 무릎 위에 얹어주기라도 하면 따뜻한 고마움을 느꼈다. 어떤 때는 자리에 앉은 예쁜 여학생이 가방을 받아서 안아 줄 때도 있었다. 그런 날은 종일 가슴속이 환했다. 대학 시절엔 두꺼운 전공서적과 도서관에서 빌린 참고서적들, 수강 노트 등으로 긴 끈이 달린 가방이 어깨를 짓눌렀다. 때로는 교양서적이나 《사상계》 잡지를 보태어 가방의 무게를 더했다. 졸업 후에는 유망한 사회진출을 위해 더 좋은 학점 취득과 스펙 쌓기에 노력을 해야 했기에 가방의 무게는 좀체 줄지 않았다. 학창 시절의 가방 무게만큼 미래의 삶도 무거울지 그때는 알 길이 없었다.

사회인이 되어 직장생활을 하면서도 나의 가방은 가벼워지지 않았다. 기관조직의 구성원으로서 주어진 업무 처리는 늘 평가가 뒤따랐다. 이러한 근무평정에 뒤처지지 않으려고 항상 신경을 써야 했다. 부서 단위 추진사업이나 대외 행사 준비를 할 때는 전체 야근이나 특근을 했고, 나의 일거리는 집에까지 가지고 갈 때도 많았다. 당시 나의 가방은 가장으로서의 책무와 불확실한 미래 때문에 학창 시절보다 더 무겁게 느껴졌던 것도 같다.

중간관리자의 위치에 올라서도 가방 무게는 줄어들지 않았다. 일에 대한 욕심과 열정으로 팀의 업무 성과를 끌어올려야 했다. 직위가 중견 간부급으로 올라갈수록 책무가 더욱 막중해졌다. 해외출장에서도 관광 기분은 절제해야 했다. 출장 목적을 수행하기 위해 가능한 많은 정책자료 수집과 견문수록을 하도록 했다. 출장 가방은 부피와 무게가 불어나기 마련이었다.

그 당시는 나라 전체가 급격한 산업화 과정을 밟고 있을 때라 단위 프로젝트마다 목표치를 정하고 이를 계량화하여 분기마다 진도 체크를 했다. 업무전산화가 되지 않았던 시기여서 대부분의 문서는 육필로 작성하고 기획안이 확정되면 여직원이 타자로 쳤다. 제안서와 통계분석 작업은 선행 연구사례와 문헌을 참조하고 수작업으로 마무리했다. 그것들을 담은 서류철이 내 가방이나 서류 보따리를 가득 차지한 경우도 많았다.

90년대 중반부터 사무자동화가 시작됐다. 개인용 컴퓨터가 보급됨에 따라 신속 정확한 정보를 바탕으로 행정업무는 편리해졌다. 그러나 보다 세밀하고 완벽을 기하는 문서를 필요로 했다. 자동화가 업무 시간을 단축시키고 효율적이긴 했지만 정확하고 창의적인 아이디어를 요구한 셈이었다.

가방에 필기구 대신에 노트북과 메모리, CD 등을 넣고 다니는 경우가 많아졌다. 그 가방에는 무게에 비해서 업무 관련 정보자료가 더 많이 실렸다. 사무실에 가서 파일을 열람하지 않아도 언제 어디서나 참고자료를 뒤져볼 수 있는 정보의 보물창고를 가지고 다녔던 셈이다.

정년 후에는 공직생활로 나를 얽매였던 의무감도 책임감도 벗어나게 되었다. 어깨에 힘도 빠진 만큼 마음도 홀가분해졌다. 그만큼 일상도 가벼워졌다. 경직된 직장 분위기와는 달리 아내와 마주 앉아 차를 마시는 집에서의 생활은 부드러웠다. 가방이 가벼워진 만큼 생활의 무게도 가벼워진 것이다.

가붓해지니 여생이 결코 쇠퇴기가 아니라는 생각이 들었다. 평생 짊어졌던 무거운 짐을 내려놓은 탓에 생긴 여유로움 때문일 것이다. 일에 매달려 허둥대기만 하다 해보지 못했던 것도 할 수 있게 됐다. 책을 읽고 음악을 듣고 산에도 오르고 깊은 사유의 시간을 가질 수 있어 좋았다. 무엇보다도 한겨울 거실로 찾아드는 다사로운 햇살 같은 아내와 함께하는 시간이 좋았다. 지금의 내 가방의 무게처럼 내 마음도 가벼워졌다.

영국 유력 일간지 〈텔레그라프〉는 독일과 미국의 공동연구진의 조사 결과를 발표했다. 젊었을 때보다 황혼기에 접어들면서 행복감은 더 높아진다는 것이다. 차분히 자기성찰을 할 수 있고, 사회적 책임감이나 경제력에 대한 부담감이 줄고 젊어서 맛보지 못했던 자기만족의 시간이 늘어나기 때문이라고 했다.

이제 노년의 행복이 바야흐로 찾아왔으니 더 바랄 게 없다. 이대로도 좋다. 가방이나 삶이나 가벼울 때 행복하다.

나의 애마

내 애마는 이제 열여덟 살이다. 1997년 T사에서 태어난 4기통 휘발유 중형세단 차다. 지금까지 6만 5천 킬로를 달린, 내 두 번째 애마다.

아직도 애마의 성능이나 상태는 좋은 편이다. 모양새도 흠잡을 데가 없다. 사람으로 치면 고령인데도 동안童顔을 그런대로 유지하고 있는 격이다. 어쩌다 점검을 위해 카센터에 가면 듣는 말이 있다.

"차, 차암 곱게 쓰셨네요."

그 소리가 좀 계면쩍다. 사실 나는 처음부터 차를 곱게 모는 법을 몰랐다. 늘그막에 갑자기 운전을 배워 서툴고 거칠

었기 때문이다. 90년대 마이카 시대가 시작될 무렵 면허를 따놓고도 정작 차는 마련하지 않았다. 승진 발령을 받고 부산에서 근무하게 되면서 나는 자가용의 필요성을 느꼈다. 차가 없으니 동료나 부하 직원의 차에 편승해야 할 일이 많았다. 무엇보다 체통이 서지 않았다.

서둘러 '르망'을 주문했다. 처음으로 가져보는 나의 차, 반가움보다 두려움이 앞섰다. 직원들의 축복 속에 고사 잔치도 벌였다. 홀로 운전 연습을 시도했다. 유독 후진 주차하기가 어려웠다. 전진하는 탱크 병사처럼 액셀러레이터를 밟아 앞으로 가기만을 좋아했다.

마침내 사고를 치고 말았다. 그날도 임시번호판을 단 채로 근거리 주행 연습을 마치고 학교 화단 옆 주차장에 전진 주차 중이었는데 브레이크를 밟는다는 것이 엉겁결에 액셀러레이터를 밟고 당황하여 핸들을 꺾는 바람에 화단 벽 모서리에 앞 문짝을 세게 박았다. 임시넘버 기간에 문짝 두 개와 앞 범퍼를 교체했다. 연수비를 아끼려다 더 많은 돈을 지불한 셈이었다.

정식 번호판을 달고서 점차 운전에 익숙해지면서 직장 인근 영도 섬을 벗어나 부산 시내 곳곳을 휘젓고 다니며 경미한 접촉사고도 두어 번 냈다. 그 무렵 서울로 복귀 발령이 났다. 1년 반 만이다.

서울에서 본격적인 나의 마이카 시대가 전개되었다. 우선 가족들이 뒤늦게 차가 생긴 것을 좋아했다. 출퇴근은 물론이고 가족들을 싣고 드라이브도 자주 했다. 연말이면 저녁에 애들을 태우고 리틀엔젤스예술회관(현 유니버설아트센터)에 발레 〈호두까기 인형〉을 보러 가기도 했다.

차츰 식구들이 내 차 타기를 꺼리기 시작했다. 나이 들어서 운전대를 잡으니 젊은 날의 객기가 되살아난 탓일까. 아내 얘기로는 내가 차를 왈칵왈칵 몰아 오금이 저린다나? 함께 탈 기분이 안 난다는 것이었다.

급기야 아내가 조수석에 앉기를 거부했다. 그 자리에 앉았다가 죽을 뻔한 사고가 있은 후부터다. 여의도 방송국 앞 교차로에서 시내버스의 꼬리를 물고 따라가다 오른편에서 청신호를 받고 총알처럼 발진해 오던 승용차와 충돌한 사고였다. 조수석 문짝이 파손되었는데 아내는 천행으로 무사했다. 공교롭게도 그 문짝은 차 출고 직후 임시넘버 사고 때

새것으로 갈아 끼웠던 문짝이었다. 만약 그때 그 문짝을 적당히 고쳐서 그대로 달고 있었더라면 아내는 무사하지 못했을 것이라는 얘길 듣고 아찔했다. 아내는 내 차를 타야 할 경우에는 뒷좌석에 앉았다. 그 후 인천 형님댁에 갔다가 어머니께 한소리를 들었다.

"애야, 운전할 때 옷이라도 잘 입고 다녀라."

정장한 며느리를 뒷좌석에 모시고 다니는 점퍼 차림의 아들이 사모님의 기사처럼 보인 모양이었다.

그 후로도 여러 번 크고 작은 접촉사고를 치렀다. 인명 피해가 없길 다행이었다. 급기야 나의 첫 번째 차 '르망'은 우리 집 애가 운전 연습을 하다 택시에 추돌당해 폐차했다. 수리비가 차체 보상비보다 더 많이 나왔기 때문이었다. 나의 첫 차는 그렇게 5년을 못 채우고 가지가지 사고 기억만 남기고 사라졌다.

새 차를 마련해야 했다. 이번에는 신중히 고르려고 했다. 마침 T회사의 신차 '레간자'가 눈에 들어왔다. 광고 문안대로 엔진 소음이 적고, 무게 있고, 정숙해 보였다. 그리고 나의 분수에 적합한 수준의 차라는 생각이 들었다. 구매했다.

차 넘버도 마음에 들었다. 시승하며 첫 애마와의 아픈 기억을 다시는 만들지 말아야겠다는 생각을 했다.

두 번째 애마를 애지중지 다루고 운전을 조심하는 걸 보고 가족들은 안심했는지 함께 타기 시작했다. 아내도 조수석으로 돌아왔다. 비로소 두 번째 애마가 가족의 안전을 지켜주는 일원이 된 셈이다.

가족이 되고부터 나의 애마는 전성시대를 맞았다. 내 공직생활의 마지막을 강원도 강릉에서 2년, 경남 진주에서 2년을 보냈다. 이 기간에 가족들을 태우고 동해안 일대와 남해안 일대를 쏘다녔다. 땅끝 마을과 보길도에도 다녀왔다. 그리고 나 홀로도 산행에 취미를 붙여 강원도에선 설악산, 태백산, 두타산 등을, 경호남 일대에서는 지리산, 덕유산, 월출산 등 명산들을 애마의 페달을 밟고 가서 등정하고 돌아왔다. 매년 무사고 운전으로 차 보험료 부담금도 줄여나갔다.

은퇴 후에는 애마의 운행을 절제하였다. 퇴직후 현재까지 십수 년간 꼭 필요할 때만 사용했다. 주로 아내와 동행할 때다. 병원에 가야 할 때, 외식을 하러 갈 때, 마트에 갈 때, 간

혹 우리 부부가 좋아하는 연주회에 갈 때다. 그래도 많게는 일주일에 두세 번, 드물게는 한 달에 너댓 번 이상은 운행하여 온 셈이다. 그러다 보니 3천 킬로 미만 주행으로 해마다 보험 부담금 할인 혜택도 받는다. 한동안 애마를 세워두고 있을 때는 달리고 싶은 마음을 달래려고 시동을 걸어주기도 한다.

  남들 같으면 몇 번씩 차를 바꾸었을 긴 세월 동안 한결같이 곁을 지켜온 나의 애마, 그에 대한 나의 애착과 인연은 각별하다 하겠다. 아내의 몸이 건강해져 내 애마가 병원보다는 바람과 물과 공기가 맑은 산천을 자주 다녔으면 좋겠다. 애마는 아마도 아내와 나의 남은 한살이를 더욱 편안하게 살펴줄 것이다.

화장과 성형

 늦은 오후, 전철 안은 그리 붐비지 않아 조용하다. 맞은편에 앉은 아가씨가 화장에 열중하고 있다. 연신 콤팩트 거울을 들여다보며 분첩으로 얼굴을 두드리고 눈두덩이에 아이섀도를 펴바르고 눈썹을 그리고 마스카라로 속눈썹을 올린다. 마지막으로 정점을 찍듯 입술에 립스틱을 바른다. 여성들이 저토록 화장에 공을 들이는 이유는 무엇일까?

 사전적 뜻매김을 보면 화장은 얼굴을 곱게 꾸미는 것이 주목적이라 한다. 특히 여성들이 얼굴을 더욱 매력적으로 보이기 위해서 하거나 배우들이 외모를 바꾸기 위해서 하는 것이라고 설명하고 있다. 여성의 아름다운 얼굴은 남성들에게 있어서는 시각적인 페로몬이 된단다. 남자가 여자의 미모에 집착하기 때문에 남자에게 예쁘게 보이려고 여자들이 화장한다고 한다.

그러나 이것은 합당치 않은 시각인 것 같다. 여성에게도 남성 못지않은 자존감과 존재감이 필요하다. 돋보이고자 하는 욕망은 성별, 지식, 나이에 상관없이 공통으로 가지고 있는 기본욕구다. 다만 여자의 미모는 남자보다 훨씬 더 강한 영향력을 발휘하는 무기가 되기 때문에 이에 더 많은 노력을 기울이게 되는 것이 아닐까?

여자가 아름답게 화장을 하면 외적 매력을 뽐낼 수 있을 것이다. 무엇보다도 콤플렉스를 숨길 수 있으니 더 당당하게 자신을 내세울 수 있을 것이다. 세계의 역사를 바꾸었다는 클레오파트라, 그리고 영국을 일개 섬나라에서 대영제국으로 만든 엘리자베스 일세는 특유의 화장술로 유명했다. 그들 두 여왕이 각기 세기의 제왕으로서 카리스마와 위엄을 갖추는 데는 역시 그 화장술이 일조를 했을 터이다.

과거 화장은 미적 가치를 추구하기 위한 것일 뿐만 아니라 주술적인 목적과 보신을 위한 실용적인 이유로도 쓰였다. 지금도 아메리카 인디언이나 아프리카 원주민 사이에서는 얼굴에 전통분장으로 자신이 기원하는 마음을 문양으로 그려 넣는 것을 보면 알 수 있다.

화장에 대한 정확한 기원은 알 길이 없으나 B.C 3천2백년 전 고대 이집트 여인들이 요즘의 마스카라에 해당하는 눈화장 도구를 쓴 흔적이 있다. 20세기 초에야 발굴되어 전 세계 고고학계를 흥분시켰던 고대 이집트 최고의 미인 네페르티티 여왕의 흉상은 고운 점토가루로 채색된 얼굴에, 짙은 눈썹과 눈꺼풀이 그려져 있어 그것이 오늘날의 화장법과 다르지 않다고 전해지고 있다.

과거 서양에서는 여성들의 화장이 좀 심했던 모양이다. 로마의 귀족 여성들은 이집트 출신 매춘부들에게서 화장술을 배웠고 이것이 유럽에 퍼져 근대까지 분(粉)에 든 납과 입술연지의 수은이 숱한 여자들의 목숨을 앗아 갔다고 한다. 중세 때는 여자의 화장이 남자들을 홀리는 속임수로 지탄을 받기도 했다. 1770년 영국 의회는 여자가 화장으로 남자를 홀려서 하는 결혼은 인정할 수 없다는 조례를 통과시켰다.

고구려인들이 수은의 원료로 쓰이는 단사(丹砂)를 빻아 얼굴에 바른 것이 세계 최초의 광물성 연지라는 이야기도 있다. 옛날 우리네 여인들은 머리치장에 더 치중했던 것 같다. 조선시대에 이르러 비싼 가체(가발)를 너무 과중하게 쓰는 폐단으로 조정에서 가체금지령을 내렸다는 기록이 있다.

어렸을 때 이웃집 누나가 화장을 곱게 하고 외출하는 모습이나 시골 큰집 혼례식 날 새색시가 연지 곤지 찍고 꽃가마에서 내리던 모습이 무척이나 예뻐 보였던 것이 기억난다. 당시에는 주변에 화장을 짙게 하는 여자를 보기가 드물었기에 더 인상적으로 보였던 것 같다.

요즈음은 여자가 외출할 때 화장하는 것은 기본 예의가 되었다. 가꾸고 정성을 들인다는 것은 아름다운 행위다. 자존감도 높이고 민낯의 불안감도 해소시켜줄 뿐만 아니라 누군가를 만날 때 예쁘게 화장하는 것은 상대에 대한 배려도 있으리라. 세련되게 화장한 여자는 매력적으로 보이는 게 사실이다. 그러다 보니 화장술도 다양해지고 일명 '생얼'로 보이는, 한 듯 안 한 듯한 화장이 친근한 아름다움을 발산하고 그게 훨씬 어렵다는 얘기도 들었다.

근래에 들어 여성들은 공공장소에서도 버젓하게 화장한

다. 그것을 어린 여학생들에게까지 따라 하니 볼썽사납다. 더 나아가 얼굴 성형까지 성행하고 있다. 가히 성형 천국이다. 연예인들은 말할 것도 없고 일반 여성들까지 절반이 성형하려 한다는 기사를 읽은 적이 있다. 경제적 여건만 허락한다면 누구든 얼굴을 고치는 데 주저하지 않는 세상이 되었다.

성형으로 미인이 되는 것은 좋은 일이다. 성형의 긍정적인 으뜸 효과는 자신감이다. 용모 때문에 자신감을 잃고 사는 젊은이에게는 남은 인생을 위하여 외과적 성형술은 적극적으로 권장할 만도 하다. 콤플렉스가 될 만큼 거슬렸던 부위를 예쁘게 시술하면 삶의 기운을 찾아 좋고 주변 사람들에게 즐거움을 준다면 반대할 이유가 없다.

그런데 성형수술이 잘못되거나 부작용이 문제다. 부분적인 성형은 잘 되었으나 그것이 전체적인 조화가 되지 않아 질려 보이는 경우도 더러 있는 모양이다. 실제 성형외과에 가 눈은 연예인 누구처럼, 입술은 누구처럼 해달라고 의뢰하다 보니 닮은꼴 성형 미인들이 많아진단다. 길을 걷다가 전혀 모르는 사람인데 성형술로 자기랑 닮은 얼굴을 연달아

맞닥뜨린다면 어떤 기분일까? 성형을 한 사람은 더 아름다워지려고 자꾸만 다른 부위를 고치려는 것도 문제다. 성형 중독 현상이다. 실제로 성형수술은 미인이 더 많이 한다니 이 무슨 아이러니인가.

요즘 성형 붐이 유별나게 일어나고 있는 이유가 무엇일까? 그것은 TV 방송에 출연하는 사람들이 다 잘생겼다는 것. 그들 대부분이 더 매력적으로 보이기 위해서 성형수술을 받았다는 것. 시청자들은 이런 사람들을 보면 볼수록 무의식적으로 성형이라는 것에 익숙해진다는 것. 그래서 너도 나도 성형외과에 가 부위별로 견적을 뽑고 성형을 한다는 것. 게다가 우리 사회가 외모지상주의로 사람을 평가한다는 것도 빼놓을 수 없는 이유가 될 것이다.

앞으로 성형 미인이 점점 늘면 즐거운 세상이 될는지는 심히 불투명하다. 모름지기 문젯거리가 많이 파생되리라. 여권사진에 귀가 꼭 나와야 하는 이유도 사고로 중대 수술을 받지 않는 한 아직까지는 잘 빚은 송편 모양으로 귀를 성형하는 일은 없으니 인물 대조 자료로 쓰는지도 모르겠다. 과유불급, 세상에는 자연의 섭리를 거스르는 일이 너무 지나치면 부메랑처럼 화가 돌아온다는 것을 생각해야 할 것 같다.

셰익스피어가 〈햄릿〉을 통하여 읊게 한 대사가 떠오른다.

"신은 그대에게 하나의 얼굴을 주었소. 그런데 그대는 또 하나의 얼굴을 만드는구려!"

주인공 햄릿이 화장한 애인 오필리아를 탓하는 대사다. 이것은 오늘날 지나친 화장이나 성형에 빠진 우리를 향해 던지는 탄식처럼 들린다.

아다지오 소스테누토

FM 라디오를 켜니 라흐마니노프의 피아노협주곡 2번이 흘러나온다. 제2악장 아다지오 소스테누토, 좀 생소하다. 고요한 강물처럼 아니 달빛에 너울거리듯 의연히 흐르는 저 곡조는 무엇인가.

뒤이어 제3악장. 내 귀는 물 만난 고기처럼 반색을 한다. 귀에 익은 피아노 음률이 화사한 현악과 어우러져 힘차고 웅장하게 펼쳐진다. 이 피아노협주곡 전 악장을 제대로 감상한 적이 있었던가, 대충 귀에 들리는 대로 1, 3악장 부분만 즐겨 들었던 모양이다.

문득 오늘 문우회 회원댁 혼사에 가야 한다는 생각이 난다. 방 안 가득 울려 퍼지는 제3악장을 다 듣지 못하고 외출을 서둔다. 결혼식은 오후 한 시. 성남시 분당 정자동역 앞이라 적혀 있다. 낯설고 먼 곳이다. 분당은 성남 쪽이라 2호선 잠실역에서 분당선으로 바꿔 타고 가면 될 터인데 두 시간은 잡아야 할 것 같다. 아파트 단지에서 신도림역까지 가서 2호선으로 갈아탄다.

객실 안은 그렇게 붐비지 않다. 마침 빈자리가 나서 앉는다. 환승역까지는 한 시간 정도 걸릴 터. 이럴 때는 책을 꺼내 읽는 것이 딱 제격인데 집에서 바삐 서둘러 나오느라 책도 청첩장도 챙기지 못했다.

어느새 지하철 안은 붐비기 시작한다. 강남역에서는 승객이 많이도 내린다. 승강장에 인파가 급류에 떠밀리듯 몰려가고, 또 숨 가쁘게 몰려든다. 계단을 급히 내려온 승객들이 문이 닫힐세라 황급히 뛰어들기도 한다. 왜 이리도 바쁘게들 설쳐대는지 모르겠다. 우리의 미덕으로 내세우던 '고요한 아침의 나라', '은근과 끈기'라는 그 이미지는 다 어디로 간 걸까?

아침에 들었던 라흐마니노프 피아노곡 제2악장이 들린다. 아다지오 소스테누토. '음(音)을 느리게 한 음 한 음 깊이 눌러서' 연주하라는 작곡자의 지시기호이다. 그것은 내게, 세상사를 서둘지 말고 확실하게 차근차근히 하라는 뜻으로 비친다. 이따금 늦장을 부리다가 덤벙대기 일쑤인 나. 어떤 일에 뜬금없이 조급증을 낼 때도 잦다. 행사나 모임 날짜를 잘못 알고 갔다가 허탕을 쳤던 일도 더러 있었고, 하나만 알고 둘을 다 아는 것처럼 속단하고 떠벌렸다가 무안을 당한 일도 한두 번이 아니었다.

대충대충 넘겨 버리거나 서두르는 폐단이 오늘 나에게서 또 터진 것이다. 잠실역까지 가서 '분당선'으로 갈아타고 한참을 가서야 내가 노선을 잘못 탔다는 것을 알아차린다. 2호선 강남역에서 '신분당선'으로 갈아탔어야 했다. 그랬더라면 벌써 식장에 도착했을 것을. 예식장의 위치 약도와 지하철 노선도를 차근히 살폈더라면 이런 착오는 일어나지 않았을 것이다. 청첩장이라도 챙겨서 나왔더라도 도중에 그 착오를 바로 잡을 수 있었을 텐데.

이제 되돌아가기에는 너무 늦은 것 같다. 택시를 타고 가기에도 무리다. 비로소 주변 노선도를 자세히 살펴본다. 가까운 복정역에서도 신분당선이 연결되어 여덟 정거장 가면 정자동역이 있지 않은가?

드디어 정자동역 앞 '오페라 하우스'라는 예식장에 다다른다. 다행히 결혼식은 파하지 않았다. 끝판 축가 연주가 한창 진행 중에 있다. 오페라 하우스의 그 이름답게 어느 새파란 무명 테너가 유명 오페라 아리아를 기량껏 뽐내며 부르고 있다. 늦게나마 혼주와 인사도 나누고, 지인들과 오랜만에 오찬도 함께 나눈다. 돌아오는 길, 나에겐 친숙하지 않았던 신분당선 지하철은 그렇게 빠르고 편할 수가 없었다.

음악 감상

집에 와서 작정하고 낡은 턴테이블로 라흐마니노프의 〈피아노협주곡 2번〉을 튼다. 제1악장, 그 웅장하고 감미롭기도 한 격정을 뒤로하고 제2악장 아다지오 소스테누토를 유심히 들어본다. 꿈꾸는 듯한 느린 음조가 마치 소리 없이 내리는 비처럼 촉촉이 젖어드는 분위기다. 그 음률 속에 서정성과 절제미가 일관되게 흐른다. 내가 지향하는 글쓰기의 요체가 한 줄기 빛처럼 비치는 듯싶다. 좀 더 깊이 음미하고 자주 감상해야겠다고 마음을 다잡는다.

이 곡은 라흐마니노프가 젊은 시절, 발표했던 교향곡 1번이 혹평을 받자, 큰 충격을 받고 심한 우울증을 앓아, 평생 작곡을 않겠다며 절망해 있을 때 어느 정신과 의사의 적극적인 상담치료를 받아 극적으로 재기에 성공한 작품이다. 그때의 슬픔과 응어리가 그대로 응축되어 듣는 사람에게 감정의 정화를 느끼게 한다. 이 곡은 '세상에서 가장 듣기 좋은 피아노 협주곡 5곡' 중 하나로 평가받고 있다.

오랜 절망 끝에 얻은 명곡. 나의 글쓰기에도 언젠가 그런 회심의 작품이 나타나기를 희망해 본다. 라흐마니노프의 피아노협주곡 제2악장이 내 머릿속에서 가슴속으로 잔잔한 냇물이 되어 흐른다.

오늘 일과를 떠올려본다. 예식장 가던 일, 그 과정을 음악회로 치면 '아다지오 소스테누토'로 연주해야 할 것을 '알레그로, 모데라토(빨리, 바르게)'로 해서 망칠 뻔했다. 그래도 체

념의 틈서리에서도 차선의 길을 찾을 수 있었던 것은 한순간의 '차분한 여유'였다는 사실이 머릿속에 스친다.

아다지오 소스테누토! 이것은 어릴 적 우리 할아버지께서 아버지에게 종종 "단디 해라"고 이르시던 말씀으로 새삼 나에게 강한 메시지를 던지고 있다.

*단디 해라: 일을 찬찬히 야무지게 처리하라는 경상도 사투리.
　　　주로 윗사람이 아랫사람에게 말할 때 쓴다.

지워지지 않는 잔상

 시내에서 볼일을 마치고 고궁 돌담길을 걷다가 눈에 익은 미술관을 찾았다. 늦가을 오후였다.

 전시실 안은 밖의 화사한 풍경과는 대조적으로 침침하고 고즈넉했다. 일정한 간격으로 희미한 조명 아래 걸려 있는 유화 작품들을 둘러보다가 문득 한 폭의 초상화 앞에 멈춰 섰다. 어디서 본 듯한 그림 속 앳된 여인의 얼굴에 순간 나의 눈길이 빠져들었다. 순식간에 나는 반세기도 훨씬 지난 고향의 초등학교 시절을 떠올렸다.

 남해안 삼천포, 자그마한 항구도시에서 개구쟁이로 들까불던 초등학교 4학년 때였던가. 젊은 여선생이 부임해 오시고 우리 반 담임을 맡았다. 항상 교실을 떠들썩하게 달궜던 반 아이들은 예쁜 여선생님의 출현에 환호했다. 유난히 하얀 얼굴에다 긴 속눈썹 아래 고운 눈을 지녔던 그 선생님은 조용하고 차분한 분위기를 풍겼다. 투박한 어투에다 남자 선생님들의 손찌검에 익숙해 있던 우리에게 표준말에 존댓말까지 써가며 곰살갑게 대하는 여선생님이 생소했다. 잘못해도 체벌은커녕 야단 한 번 치지 않고 차분히 타이르는 것이 의아스럽기도 했다. 왈패스러웠던 우리 반 악동 몇몇은 선생님을 '서울깍쟁이'라면서 까닭 없이 놀리고 괴롭힐 궁리를 했다. 때로는 옆 반 애들과 패싸움을 일으켜 여린 선생님을 곤경에 몰아넣기도 하였다.

하지만 나는 우리를 성심껏 대해주시는 선생님이 조금도 이상하거나 거슬리지도 않았고, 좀처럼 웃지 않는 그 갸름한 얼굴을 보노라면 애잔한 마음이 들기도 했다.

그즈음 나는 누나를 따라 난생처음으로 교회에 다녔다. 어느 날 기도 시간에 나는 선생님을 보았다. 선생님은 내 건너편에 꿇어앉아 기도하고 있었다. 한눈 한번 팔지 않는 경건한 모습은 나와는 아무 상관없는 딴 세상 사람같아 보였다. 그의 깊은 신앙심과 거울같이 맑은 자태에 초라한 나 자신이 비치는 듯했다.

미술 시간이었다. 우리 반에서 열린 사생대회에서 나는 선생님의 얼굴을 그렸다. 그런데 그림은 모델을 별로 닮지 않은 모양이었다. 누구를 그린 것이냐고 선생님이 물어서 당황한 나는 우리 누나를 그려 본 것이라고 둘러대었다. 사정이야 어쨌든 그 그림은 호평을 받았고, 〈우리 누나〉라는 잘못된 제목을 달고 교실 뒤쪽 게시판에 나붙었다. 그림을 칭찬하면서 살짝 웃어준 선생님의 미소는 내 고요한 마음속에 작은 파문을 일으켰다. 나는 선생님을 기쁘게 해드리려고 착실하게 공부하는 모범생으로 변해 갔다. 누군가의 마음에 들려는 행위가 훗날 잔잔한 그리움의 씨앗으로 남을 줄은 그때 나는 미처 몰랐다.

어느 날 선생님은 우리 집을 가정방문하셨다. 마침 집에 있던 누나와는 구면인 듯 환한 얼굴로 담소를 나누었다. 그때 모처럼 웃는 그 모습은 무척 아름다웠고, 나는 그를 훔쳐보며 행복해했다. 선생님은 어디서 얻었는지 새끼고양이 한 마리를 안고 왔는데 그것을 보고 귀여워서 어쩔 줄을 모르는 나에게 선물로 주고 가셨다. 고양이는 까만 바탕에 얼굴과 앞가슴에 하얀 반점이 있어 더 깜찍해 보였고 눈동자는 짙은 에메랄드빛이었다. 처음에는 낯이 설어 몸을 웅크리고 부들부들 떨면서 야옹거렸으나 나중에는 주는 음식도 잘 받아먹고 나와 친숙해지는 듯했다. 하지만 얼마 지나지 않아 고양이는 시름시름 앓다 죽고 말았다. 내가 고양이에게 너무 집착한 나머지 과도한 사랑을 퍼부었던 모양이다. 힘주어 안아주고 쓰다듬고 내 방의 요이불과 베개로 성을 쌓아 빠져나오지 못하도록 막곤 했다. 고양이를 잃고 난생처음 식음을 잃을 정도의 깊은 슬픔을 느꼈다. 내가 자주 다니던 바닷가 노산魯山 언덕 양지 바른 곳에 나의 깊은 슬픔과 함께 고양이를 묻었다.

  그리고 얼마 후 우리 집은 서울로 이사하였고 그 이듬해 6·25전쟁의 소용돌이를 겪었다. 휴전이 되고 전쟁의 흔적이 희미해질 무렵 나는 누나로부터 선생님의 소식을 들었다. 선생님은 한동안 마산의 결핵요양소에서 치료를 받았다는 것이다. 그 몇 해 후 오랜만에 고향에 들렀을 적에는 옛 친구로부터 선생님이 폐결핵으로 이미 돌아가셨다는 얘기를 들었다. 그때 나는 부둣가에서 갈매기들이 날며 우짖고 있는 사이로 노산 언덕을 망연히 바라보았다. 선생님의 분신으로 여겼던 그 고양이가 묻혔던 자리, 그곳 차디찬 흙속에 마치 선생님이 묻혀 있는 듯해서 슬픔이 파도처럼 밀려왔다.

대학 다닐 때까지만 해도 선생님은 내 마음에 희미한 그림자처럼 남아 있었다. 나의 애청곡인 이탈리아 가곡 〈내 친구에게 내 말 전해 주게〉를 들을라치면 사라진 선생님의 얼굴이 떠오르곤 했다. "그 고운 두 눈, 내 맘을 사로잡아~."라는 대목에서 톤이 높아지면 내가 정말로 L이란 연상의 여선생을 가슴앓이로 사모했던 것처럼 느껴졌다.

대학을 졸업하면서 나는 시나브로 선생님을 잊어갔다. 군 복무를 해야 했고 가장으로 사회인으로 정신없이 살아야 했기 때문이다. 그걸 알고 선생님도 내가 쌓아가던 세월의 더께 속으로 숨어버렸는지 이후 한 번도 내 기억 속에 떠오르지 않았다.

그런데 지금 내 앞에 청아하던 옛 모습 그대로 선생님이 지워지지 않는 잔상으로 떠오른다. 선생님과 함께하던 시간이 그리울 때면 언제라도 나는 그 유년 시절의 길목으로 달려가고 싶은 마음이다.

  미술관 밖으로 나오니 석양빛에 비치는 골목길 단풍이 아름다움을 더하고 있었다.

나는 병원 근처였던 창경원으로 가서 꽃잎이 온통 백옥같이 하얗게 만발한 벚나무 아래 수많은 상춘객 틈에 끼여 망연자실한 채 앉아 있었다. 넋 놓고 동물원 철책 안을 바라보던 나의 두 팔 안에는 사료처럼 내던져진 6개월분의 '파스' 폐결핵약 꾸러미가 천근같은 무게로 안겨져 있었다. 그때의 폐병은 한센병과 더불어 불치병, 절망 그 자체로 여겨졌다. 그 해 4월은 내게 생명이 약동하는 봄이 아니었다. 내 삶의 봄날에 나는 겨울을 맞이하는 기분이었다.

6

읽는 즐거움, 쓰는 괴로움 •
비 내린 그날의 일진 •
서울, 어제와 오늘 •
가방 •
4월을 보내며 •

읽는 즐거움, 쓰는 괴로움

독서 삼매경이란 말이 있다. 어린 시절, 할머니가 들려주시던 옛날이야기에 재미를 붙이고, 동화책에 푹 빠져 지내곤 했다. 고교 시절엔 헤르만 헤세 소설에 매료되어 날밤을 새우기도 했다.

시험공부는 밀어놓고 읽은 문학서적들은 내 마음에 큰 기쁨과 울림을 주었다. 그것은 마음의 양식이기도 했겠지만 책갈피를 스치고 지나가는 엔도르핀의 산들바람 같기도 했다.

글 읽기의 참된 즐거움은 많은 선현에 의하여 회자되어 왔다. 무애 양주동 선생은 맹자의 인생삼락人生三樂에다 독서면학讀書勉學을 보태어 제4락第四樂으로 해야 한다고 단언하기도 했다. 옛 선비들은 고전을 홀로 깨우치는 과정에서 무한한 희열을 느꼈다고 했다. 몽테뉴도 "책을 읽는 것과 같이 영속적인 쾌락은 없다."고 하지 않았던가.

글이란 읽으면 읽을수록 사리事理를 판단하는 눈이 밝아지며, 어리석은 자도 총명해진다고 한다. 진정한 독서의 즐거움은 글 읽는 습관이 늘 몸에 배어 있어야 하고, 그것에다 끈질긴 탐구의 정신이 깃들어야 터득할 수 있다는 것을 알 수 있다.

나는 은퇴 후 글쓰기 공부를 하고 있다. 읽기에도 더 마음을 쏟고 있다. 책 속에서 마음에 드는 구절을 찾아 밑줄을 긋는 즐거움도 쏠쏠하다. 전에 느끼지 못했던 간접경험은 호기심을 만족하게 할 뿐만 아니라 새로운 지식과 영감을 찾게 한다.

인터넷으로 글 읽기가 수월해졌다. 인터넷의 바다에서 맛보는 글 읽기는 깊은 맛은 없으나 단편적인 지적 호기심을 즉시 풀어주는 장점이 있다. 음식으로 치면 정통요리가 아닌 패스트푸드같이 얕은맛이라고 할까. 어떤 때는 검색을 하다가 엉뚱한 곳으로 빠지기도 한다. 음악 동영상 쪽이다. 특히 내가 좋아하는 오페라 아리아, 세계 정상의 성악가들이 같은 곡명을 제각기 독특한 음색과 톤으로 부르는 웹 사이트를 만나면 이들을 비교 감상하느라고 시간도, 하던 일도 잊어버린다. 인터넷 글 읽기의 부가적 쾌락이다.

책 한 권을 그냥 통독하기란 그리 쉽지 않다. 글쓰기는 글 읽기가 밑거름된다는 사실을 뼈저리게 느끼고 있다. 글쓰기를 위해 책을 읽는 것은 새로운 경지를 답사하는 마음처럼 설렘과 즐거움이 따르게 마련이다. 책 한 권을 쓰려면 도서관 전체를 뒤지다시피 하면서 글감 자료를 섭렵하고 메모하기도 하는 것이다. 이런 것이 다 기꺼운 마음이 아니면 안 될 것이다.

그런데 정작 글을 쓰려고 주제를 정해 놓고도 구상부터가 어렵고, 서두부터 바다 위 조각배에 홀로 타고 있는 듯 막막하다. 집중하지 못하고 꽉 막힌 기분으로 첫 문장을 시작하는데도 애를 먹는다. 그래서 글을 쓰는 순간이 괴롭다. 짧은 수필 한 편을 쓰는 데도 남들보다 더 많은 스트레스를 받고 에너지를 쏟는 것 같다. 불안하고 자꾸만 도망가고 싶은 심정이 된다. 미적미적 미루다가 한눈을 팔기도 한다. 이런 때 하염없이 TV를 보기도 하고, 거실 청소를 하기도 하고, 심지어 마늘을 깔 때도 있다. 그러면서도 글을 써야 한다는 압박은 계속 받는다.

글이 하도 풀리지 않은 어느 날 아내에게 하소연했다.

"나는 암만해도 글 쓰는 데 소질이 없는가 봐."

3초도 안 되어 응답이 왔다.

"그런 것 같아."

순간 나는 더 비참해졌다. 그리고 괘씸했다. 격려는 못해 줄망정 아픈 데다 왕소금을 뿌리다니. 아내로서는 집안일은 도와주지 않고 자기 방에서 끙끙거리는 백수 남편이 못마땅했을 것이다.

모처럼 글의 실마리가 풀릴 때도 문장은 속도를 내지 못하고 머뭇거린다. 어느 동시童詩의 닭처럼 "물 한 모금 입에 물고 하늘 한 번 쳐다보고, 또 한 모금 입에 물고 구름 한 번 쳐다보고" 식이다. 닭이 아무 생각 없이 그러듯이 나도 번잡한 머릿골을 잠시 비워버리고 싶어서이리라. 초고 과정은 이렇게 고뇌와 뜸 들이기의 반복이다. 문장 하나라도 맘에 차지 않으면 앞으로 나가지 않는 것도 문제다. 한 땀 한 땀 수를 놓아가듯이 느리게 진로를 헤쳐나간다. 얼마 동안 시간을 투자하고 책상 앞에 붙박여 있었을까. 물 한 방울 한 방울이 모여서 개울이 되듯이 급기야 글의 형체가 갖추어 간다. 입을 앙다물고 당초에 의도했던 주제와 글의 구도로 그 가닥을 잡아나간다.

 일단 초고가 만들어지면 한숨 돌리는 순간이다. 퇴고하며 다듬을 수 있기 때문이다. 쓸데없는 수식어를 빼고 조사를 바로잡는 등 퇴고하다 보면 글이 점점 좋아지는 기분이 든다. 그래도 하나의 작품으로 완성되기는 어렵겠다는 느낌을 떨칠 수가 없다. 내 능력의 한계 때문이리라.

 기대와 우려가 반반인 상태에서 제출 시한에 쫓겨 일단 강평에 미리 내놓으면 선생님께 꾸중을 듣는다. 이때 글쓰기의 괴로움은 절정에 달한다. 그러나 스승님의 지적으로 보완하면 글은 어느 정도 규모 있는 모양새를 갖추곤 한다. 글쓰기의 괴로움이 어느 정도 보람으로 보상받는 기분이다. 후에 발표된 지면을 통하여 지인한테 격려를 받거나 어느 낯선 독자에게서 공감과 긍정의 평을 접할 때도 있다. 그런 때는 글쓰기의 기쁨과 자부심이 솟구친다. 지나온 고통과 자괴감이 비로소 수그러든다.

  나는 앞으로도 읽고 쓰는 과정을 수없이 되풀이할 것이다. 노벨문학상을 받은 오르한 파묵처럼 "바늘로 우물을 파듯 하루 종일 종이 한 장을 들여다보는" 치열한 단계까지 이르지 못하더라도 이 지난한 정신노동을 놓고 싶지 않다. 결국, 글쓰기는 고통과 쾌락이 연결되어 있다. 좋은 글은 훈련의 산물이다. 나의 글쓰기도 반복 과정을 통하여 발전해갈 것이라고 나 자신을 격려해본다.

  시방 나는 프로 작가의 경지를 꿈꾸고 있다.

비 내린 그날의 일진

그날은 아침부터 잔뜩 흐렸다. 울적한 기분을 덜어낼 필요가 있었다. 피부염에 좋다고 소문난 김포의 약암 해수온천욕이 생각났다. 온천호텔 셔틀버스를 타려고 송정역까지 갔다. 송정역은 집에서 두 번이나 전철을 갈아타고 40여 분을 가야 하는 5호선, 김포공항 부근에 있다. 온천호텔은 거기서도 버스로 한 시간을 더 가야 한다.

셔틀버스 정거장에는 나보다 앞서 온 손님들이 줄을 서 있었다. 곧 버스가 왔다. 한데 바로 내 앞 손님까지만 태우고는 좌석이 없다며 그만 떠나 버렸다. 다음 셔틀버스는 두 시간 후에야 온다는 것이었다. 설상가상으로 진눈깨비 같은 가랑비마저 내리기 시작했다. 모처럼의 먼 소풍 같은 나들이인데 그날 일진이 꽤 좋지 않다는 생각이 들었다.

버스가 나를 두고 떠나버린 데에 화도 났고 내친김에 꼭 가야 되겠다는 오기도 생겼다. 일반버스 정류장으로 가서 김포 약암리행 버스를 기다리고 있는데, 웬 지나던 관광버스가 속도를 줄이며 문이 열리더니 누군가가 소리쳤다.

"박 형! 어데 가?"

"김포 약암리!"

Y대 대학원 동문이었다. 버스에는 그가 인솔하는 산악회 회원들이 타고 있었다. 그들의 행선지는 마이산이고 약암리를 거친다고 했다. 얼떨결에 타고 보니 버스 안에는 시산제용 준비물과 기념품 등이 가득했다. 회원들과 수인사를 나누고 술잔까지 건네받고 얘기하는 중에 사달이 벌어졌다. 어느새 버스는 내가 내려야 할 곳을 지나 강화도 초지대교를 달리고 있었던 것이다.

버스기사도 깜빡했다며 사과를 했고 내 동문도 미안해하면서도, 이왕에 이렇게 되었으니 준회원이 된 셈치고 동행하자고 했다. 어쩔 수 없이 마니산 입구까지 따라가 우중에 그들의 시산제를 구경하게 되었다. 행사 기념품도 받고 해서 나도 금일봉을 돼지머리에다 꽂고 술잔도 올렸다. 식사 후 경품행사에서 플라스틱 바구니도 하나 받았다.

나는 그 와중에도 그곳에서 멀지 않은 약암 해수온천을 생각하고 있었다. 마침 회원 중에 승용차로 왔다가 서울로 일찍 간다는 사람이 있어 그의 차편에 동승하게 되었다. 약암리에 도착한 나는 그들이 차 트렁크에 실어 준 상품 바구니를 갖고 내렸다. 부피도 크고 어색하여 원치 않았던 바구니였지만 대놓고 버릴 수 없어 손에 든 채 온천호텔로 들어갔다.

드디어 그날의 목표였던 해수온천 사우나를 하게 되어 개운하고 흐뭇해졌다. 지하 480여 미터 암반에서 뿜어져 나온다는 황토색의 뜨뜻한 온천수는 그날 피곤하게 꼬였던 심신을 개운하게 풀어주었다. 상쾌한 기분으로 탈의실로 나오니 구석에 놓아뒀던 바구니에는 손님들이 쓰고 던진 수건들과 가운들이 쌓여 있었다. 그대로 두고 나오려다 애써 바구니를 비우고 가지고 나왔다.

호텔 밖으로 나오니 비는 잠시 그친 듯했다. 송정역으로 돌아가는 셔틀버스를 탔다. 만원이어서 바구니를 운전석 옆 공간에 세워 두어야 했다. 차에서 내려서도 들고 다니기가 좀 거북스럽고 쑥스러웠다. 애들 속어로 '쪽 팔린다'라는 말이 딱 어울리는 상황이었다. 그 와중에도 시장기를 느껴 가까운 국밥집으로 들어갔다. 요기를 하고 나오니 식당 계산대 앞에 두었던 바구니에는 손님들이 버린 휴지와 물수건에다 이쑤시개까지 담겨 있었다.

지하철을 타고서도 노약자석 문쪽에 바구니를 놓고 자리에 앉았다가 내릴 때 보니 빈 우유팩과 빨대 그리고 구겨진 신문지와 벼룩시장 전단지 등이 들어 있었다. '너는 태생이 쓰레기통이로구나!' 하며 실소를 금치 못했다.

나는 인내심을 발휘하며 바구니를 기어이 집에까지 들고 왔다. 바구니에 붙은 상표를 살펴보니 품명은 세탁바구니요, 가격은 삼천 원이라고 표시되어 있었다. 저녁을 준비하던 아내가, 웬 바구니냐고 시큰둥해하다가 이모저모 살피더니 어디서 이런 참한 것을 얻어왔느냐고 반색했다. 그렇게 폭이 좁으면서도 우묵한 바구니는 좁다란 우리 집 뒷 베란다에 안성맞춤이라는 것이었다.

"아빠가 창피하게 어떻게 이 바구니를 들고 왔어요?"

큰애가 핀잔했지만 아내는 개의치 않고 바구니 생긴 것만 좋아했다. 아내가 그처럼 바구니의 유용을 인정하며 마음에 들어 하니 바깥에서 거추장스럽고 짜증나게 했던 그것이 달리 보였다. 희한했다. 진작 우리 집으로 들였어야 할 바구니인 듯 정겹게 느껴지기까지 했다.

여태까지 바구니는 우리 집 재활용품 용기로 쓰인다. 필시 그것과 나와의 인연이 닿아 있었던가 보다. '길에 돌도 연분이 있어야 찬다'는 말이 있는데, 하물며 나와 바구니는 그날 몇 차례나 헤어질 곡절을 겪으면서도 끝내 집에까지 함께 오지 않았던가.

존재하는 것들은 아무리 하찮은 것이라도 자리에서 제 몫을 할 때 가치가 있다. 매주 화요일에 쓰레기 분리수거장으로 그 바구니를 들고 나가는 것이 어느새 내 몫이 돼버렸다.

바구니를 볼 때마다 그것을 얻었던 그해 봄날을 떠올리곤 한다. 기꺼이 줄을 서서 기다렸던 셔틀버스는 내 앞사람까지만 태우고 매연만 내뿜고 떠났고, 산악회 버스를 얻어 타고서라도 목적지에 가려다가 내려야 할 정거장을 훌쩍 지나쳤다.

게다가 바구니 경품을 받다니! 남자 체면 뭉개지게 그 바구니를 들고 다니며 재수 옴 붙은 날이라 웅얼댔다. 일진이 연달아 꼬이니 머피의 법칙이 내게 닿았다고 생각했다. 하지만 몇 년 동안 닳지 않는 그 바구니를 요긴하게 활용하면서 생각을 달리하게 되었다. 일어날 확률이 1퍼센트밖에 되지 않는 좋은 사건이 계속되면 이프름의 법칙이라 한다. 머피(Murphy)의 철자를 거꾸로 쓰면 이프름(Yhprum)이 아닌가. 비 내린 그날은 머피의 법칙 끝에 이프름의 법칙이 내게 찾아왔으니 전화위복이 되었던 셈이다.

서울, 어제와 오늘

대학로

마로니에 공원, 문예회관 동편 옆 빌딩 2층에 '정신세계'라는 서점이 있었다. 그곳은 보통 책만 빽빽이 진열해 놓은 여느 책방과는 사뭇 다른 독특한 분위기를 풍겼다. 동서고금의 음악, 미술, 역사, 철학, 문학, 종교 등 문화 예술의 장르별 백미를 일별할 수 있었고, 이들 관련 자료들이 희귀한 민속 소품들과 함께 전시되어 잔잔히 흐르는 국악과 서양 클래식의 선율에 어울렸다. 거기에는 녹슬고 찌들은 현대인의 정신과 영혼을 정결스럽게 어루만져 주는 듯한 문화의 향취가 녹아 흐르고 있었다.

지금은 그 향취 대신 음식 냄새만 풍긴다. '정신세계'의 자리에는 무슨 칼국수 체인점이 들어서 있다. '정신세계'는 광화문 교보문고 뒤쪽으로 이사를 갔다고 한다.

'정신세계'가 있던 건물 옆 맞은편, 마로니에 공원 아르코미술관 뒤편 건물 1층에는 '모짜르트'라는 다방이 있었다. '모짜르트' 내부 공간은 중후한 서양 명화들이 걸려 있는 벽을 배경으로 앤티크 풍의 탁자와 의자들이 놓여 있었고, 한쪽에는 그랜드피아노가 자리 잡고 있어 마치 모차르트가 살아 숨쉬는 듯, 금방이라도 그가 나와서 연주할 것 같은 느낌이 들기도 하였다. 지금은 '정신세계'처럼 흔적도 없고 내부 치장을 요란스럽게 한 샌드위치 전문점이 대신하고 있었다. 그 주변 다른 장소 2층에 풍경과 느낌이 사뭇 달라졌지만 갤러리 카페 '모짜르트'가 있어 그나마 다행이라 할까?

대학로에는 레코드점이 두 곳 있었다. 한 곳은 학림다방 아래층 '바로크', 규모가 꽤 크고 클래식 레코드와 CD 소장품이 많고도 다양하였다. 클래식 음반을 둘러보는 즐거움을 만끽했던 곳, 그곳이 지금은 설렁탕 음식점으로 바뀌었다.

다른 한 곳은 'SKC' 레코드점이었는데 대학로에서 동숭아트홀 쪽으로 올라가는 입구 '낙산가든' 맞은편에 있었다. 지금은 스포츠 의류점으로 바뀌었다. 약속이나 한 듯 두 레코드점이 사라져버렸다.

악화가 양화를 구축한다는 그레셤의 법칙이 딱 들어맞는다. 세속적인 대학로 소비문화의 홍수에 떠밀려 정신문화의 공간들이 하나둘씩 사라져 가는 것이 안타깝고 씁쓸하다. 현재 대학로에는 '학림다방'만이 50년의 연륜을 지키며 옛 모습으로 바다 위의 고도처럼 위태롭게 떠 있다.

옛 문안거리

서울대학교병원 본관 앞 맞은편에 붉은 벽돌의 이른바 '시계탑' 건물이 아담하게 자리 잡고 있다. 구한말에 세워진 우리나라 관립병원의 효시였던 '대한의원' 건물로서 지금은 서울대병원 본부 건물로 사용되고 있고, 문화재 건축물(사적 248호)로 등록되어 있다. 건물 앞에서 찬찬히 바라보노라면 건축양식의 아름다움과 단아함에 기꺼운 마음이 된다. 당시 꽤나 많은 비용과 정성을 쏟아 지었을 것이다.

그 건물은 현재 왼편 날개 쪽 끝부분이 없고 2층 건물 중앙에 시계탑이 운치 있게 높이 솟아 있다. 오른쪽으로는 2층이 끝나는 부분에서 1층으로 낮게 이어진 날개 모양으로 마감된 2층 돔(dome)형의 지붕이 있다. 왼쪽은 아예 1층 부분부터 끊어진 채 끝자락 부분은 주차장이 차지하고 있다. 마치 여객기의 날개 한쪽이 중간 부분에서 잘려나간 형상이다. 잃어버린 왼쪽 날개 부분도 오른쪽 날개 부분과 같이 온전한 원형으로 복원되면 좋을 것이다. 그렇게 된다면 거대 병풍처럼 뒤편에 우람하게 서 있는 서울대병원 맘모스 건물과 잘 어울릴 것 같다.

경복궁 앞 오른편, 삼청동으로 돌아가는 길목 한복판에 섬처럼 서 있는 '동십자각' 건물, 현재 성벽이 도로에 단절된 채 홀로된 성루 건물이지만, 옛 문화재라는 자체만으로도 보기에 즐겁다. 그런데 경복궁의 왼쪽 청와대 돌아가는 길목에도 동일한 건물인 성루가 있었다 한다. 그 이름은 '서십자각', 도로 때문에 옛날같이 성벽으로 이어질 수는 없지만 '서십자각'을 복원한다면 경복궁의 앞 정문인 광화문이 양편에 '동십자각'과 '서십자각'을 거느리고 있는 모습으로 균형이 잡혀 참으로 어울릴 것이라 생각한다.

언젠가는 서대문도 복원하여 남대문이나 동대문처럼 서대문 로터리 한복판에 당당히 자리 잡고 서 있는 모습을 보고 싶다. 서대문이 복원되면 인의예지신仁義禮智信의 뜻을 담은 동서남북 대문과 보신각이 어우러져 온전한 문안 벨트를 이룰 것이다. 고도 600년의 옛 정취가 거리 곳곳에서 되살아나기를 희망해본다.

고전과 현대의 조화

서울, 특히 강북은 고전과 현대가 함께 숨쉬는 도시경관으로 뜻 있는 외국인들의 관심을 끌고 있다.

필자가 광화문 종합청사에서 교육차관 업무를 담당할 때였다. 세계은행IBRD 교육차관 평가단이 왔었는데 나의 업무 파트너가 미즈 트래비스라는 평가위원이었다. 그녀는 고전음악과 고고학, 미술 등에 상당한 조예가 있어 한국의 옛 문화에 관심이 많았다.

언젠가 함께 경복궁 국립중앙박물관을 둘러보고 나오던 중 미즈 트래비스는 광화문 처마 밑에 보이는 정부종합청사

건물을 열심히 카메라에 담는 것이었다. 나중에 현상된 사진을 보니 광화문의 지붕 추녀 끝자락 아래로 종합청사 건물이 한 컷 사진에 담겨 있었다. 현대와 고전이 절묘하게 어우러져 조화를 이룬 작품이었다.

또 하나 그녀가 보여준 사진은 머물렀던 소공동의 조선호텔 건물을 배경으로 그 뜰 앞에 있는 문화재 사적인 '원구단'의 둥근 지붕 모습을 부각시켜 촬영한 것이었다. 그것 또한 현대와 고전이라는 대칭이 조화를 이룬 멋진 풍경이었다.

서울은 현대식 빌딩 건축물이 시가지의 주종을 이루고 있다. 그래도 서울 강북 지역은 고전적 멋이 우러나는 문화재 건물이 곳곳에 흩어져 있다. 강북의 거리만이라도 옛 문화의 풍취가 더욱 운치 있게 어우러지는 도시 풍경을 조성했으면 좋겠다. 이를 위해서 퇴락한 문화재를 복원하려는 노력이 필요하리라.

고전과 현대가 조화의 미를 갖춘 예는 많다. 프랑스 파리의 에펠탑이 대표적이다. 처음에는 파리의 고풍스러운 옛 시가지에 어울리지 않는 거대한 철물구조로 흉물스럽다 하여 파리박람회 행사 후에 철거하려고 하였다 한다. 그 흉물스럽다고 여긴 탑이 지금 세계적 관광의 명소가 될 줄이야 누군들 알았으랴.

  현대와 고전의 조화는 단순히 건축물에 국한되는 것은 아닐 것이다. 신구新舊가 조화를 이루려는 시도는 문화 예술 정치 등 다방면에서 시도되고 있다. 개인과 사회도 그 조화가 필요하다. 늙은이와 젊은이가 소통하고 보수와 진보가 조화를 이룰 때 비로소 사회와 역사는 발전할 것이다.

가방

 외출을 하려고 가방을 챙긴다. 언제부터인가 나는 시내 나들이에도 작은 손가방을 휴대하는 버릇이 생겼다. 지하철을 타는 짬에서도 볼 수 있는 간편한 책 한 권, 혹시 필요할지도 모를 메모장과 간단한 스크랩 자료 등을 넣고 다니기 위해서다. 오늘은 친구와 고궁에 있는 미술관을 관람하고, 요즈음 한창인 가을 풍경을 담을 카메라도 챙기려니 끈 달린 작은 가방이 필요했다.

 내가 맨 처음 가방을 가져본 것은 중학교 입학 선물로 친척이 사 준 것으로 기억된다. 초등학교 때는 시골에서 책과 공책을 책보에 말아 허리에 묶어 달고 양철필통 소리를 내며 학교를 다녔는데, 난생처음 말쑥한 교복에다 무게 있는 가방을 들고 중학교 교문으로 등교할 때에는 엄숙하면서도 우쭐한 기분이 들기도 했다.

 그때 나의 가방 속에는 교과서뿐만 아니라 만화책과 캐러멜 같은 군것질거리도 들어 있었다. 고교 시절엔 교과서와 참고서, 영어 사전, 도시락 등으로 책가방은 무거웠다. 그 속에도 사춘기의 설렘을 담은 편지와 사진, 개봉 영화의 팸플릿과 《학원》 잡지, 사랑을 노래한 바이런이나 하이네 시집도 한 권쯤은 들어 있었다. 가끔씩은 바이스로이 양담배 서너 개비도 하도롱지 봉투 속에 숨겨져 있기도 했다.

 직장생활을 하게 되면서는 검은 가죽 가방을 들고 다녔다. 그 가방은 누님이 나의 공무원 임용 때 선물로 주신 유명 브랜드 제품이어서인지 꽤 오래도록 사용하였다. 그 무렵에는 직장인들의 서류가방으로 '007가방'이 유행하던 때였다. 지방에 발령이 나 임지에서 서울에 있는 집을 오갈 때는 주로 해외출장 시 사용하는 바퀴 달린 중형 가방을 끌고 다녔다. 당시 매일 갈아입다시피 하던 흰 와이셔츠와 세탁물, 그리고 철따라 바뀌는 옷가지 등을 실어 나르기 위해서였다.

  주위 사람들이 다 하는 골프는 하지 않아서 나는 골프 가방은 가져본 적이 없다. 그 대신 등산을 즐겨 하여 배낭은 크고 작은 것들이 여러 개나 된다. 당일, 무박 2일, 1박 2일, 2박 3일 코스 등 일정에 따라 배낭의 크기와 무게가 달라진다. 나는 주말마다 거의 빠짐없이 배낭을 골라 메고 등산을 하여 왔고, 정년퇴임 후에는 주중에도 가끔 혼자 당일 산행을 하는 편이다.

  친구들과 등산을 할 때는 배낭에 도시락과 간식을 챙겨 넣는다. 그들도 배낭 속에서 각자 정성스럽게 싸 온 음식들을 꺼내 놓는다. 세상의 가방치고 등산 배낭만큼 훈훈한 인정과 잔정이 넘치는 가방은 별로 없을 성싶다. 또한 등산 가방에는 소박한 삶의 정서와 건강을 소중히 하려는 의지가 담겨 있다.

  가방은 그것을 가진 사람의 애환을 그대로 나타낸다. 오래전 이탈리아 영화 〈가방을 든 여인〉을 본 적이 있다. 연인에게서 버림받고 부평초처럼 떠도는 여주인공의 그 커다란 가방은 슬픔에 젖은 그 주인과 닮아 있었다. 그것은 그 영화음악의 색소폰 음색만큼이나 구슬프고 애처로워 보였다.

　요즈음 늘어나는 노숙자들의 때묻은 가방은 어쩌면 그리도 주인을 닮아 초라하고 처량해 보이는지. 이른 새벽 인력시장에서 봉고차에 실려 공사장으로 향하는 노동자들의 도시락 가방도 영락없이 그들의 고달픈 삶이 주름져 보인다. 반면에 명절 귀성객들의 가방은 오랜만에 고향을 찾는 이들의 마음을 나타내듯, 하나같이 반가움과 기쁨의 설렘으로 뿌듯해 보인다.

　과거에 나를 거쳐 간 수많은 가방들도 나의 애환과 삶의 조각들을 담아 갔을 것이다. 이제 그 어떤 직업도 직책도 홀가분하게 다 털어버린 나의 일상에서 가방도 자연스레 홀가분해졌다.

　요즈음은 주로 작은 가방을 들고 외출한다. 십여 년 전 해외에서 구입한 끈 달린 손가방이다. 재직 시에는 수납공간이 좁아서 별로 사용하지 않다가 퇴직 후 글쓰기를 시작하면서부터 나의 단골 휴대품이 되었다. 이 속에는 과거에 바쁜 업무를 핑계로 읽지 못했던 산문집이나 문고판 소설책

한 권과 작은 노트가 항상 자리잡고 있다.

  비록 작은 가방이지만 지금 내 여생을 담기에는 조금도 부족하지 않다. 젊은 날 부풀었던 꿈과 열정의 부피가 지금은 줄고 차츰 사그라들고 있어서이리라. 이러다 보면 다섯 욕망과 일곱 감정에 흔들리지 않고 살 수도 있지 않을까. 아무래도 나는 이 자그만 가방을 여생의 반려자로 함께해야 할 것 같다.

4월을 보내며

 4월에는 온갖 생명들이 부활한다. 가히 찬란하다 하겠다. 자연은 화사해도 인간이 사는 곳은 그러하지 않은 모양이다. 4월은 잔인한 달, 하도 들어 식상할 T. S 엘리엇의 말이지만 지겹더라도 다시 들어보자. 엘리엇이 자신의 장편시 〈황무지〉에서 읊은 노래인데, 전후戰後 서구 사회의 황폐한 정신세계를 상징적으로 표현했다. 어디 엘리엇의 시대에만 정신적으로 황폐했을까. 그 시구詩句가 4월을 역설적으로 표현하는데 많이 인용되는 걸 보면 인간 사회는 끊임없이 황무지였을 것이고 영원히 황무지일지도 모르겠다.

 4월의 잔인함은 제철을 맞아 활짝 피고 지는 꽃들의 생성과 소멸에서 찾아 볼 수 있을 것 같다. 4월에 활짝 피는 꽃들은 대부분이 겨울을 견뎌 낸 헐벗은 나무의 모습과는 너무나 대조적으로 화려하게 꽃망울을 터뜨린다. 그것도 뭐가 그리 급한지 나목에 잎도 나기 전에 다투어 눈부신 꽃을 피운다. 낙화는 꽃들의 경쟁을 자제하라는 신의 경고일지도 모른다. 그러고 보니 진달래, 개나리, 목련, 벚꽃 등 4월의 꽃들은 하나같이 호들갑스럽게 꽃을 피우고도 제대로 된 열매조차 맺지 못한다. 신의 잔인한 형벌인가. 그래도 지는 꽃은 아름답다고 한다. 아름다워 슬프다고까지 말한다.

4월의 잔인함을 굳이 열거하려면 우리 민족사에서 찾아봐야 할 것 같다. 광화문과 경무대 입구에서 젊은 영령들이 꽃잎처럼 져버린 4·19 의거, 민족상잔의 비극 속에 무고한 민초의 목숨들이 떨어졌던 제주 4·3 사태, 그보다 더 거슬러 올라가면 호남 전역에 번졌던 동학농민들의 4월 항거가 있다.

지금은 실감이 나지 않지만 옛날 우리 농촌에서는 4월 보릿고개라는 춘궁기가 있었다. 봄 언덕에 철쭉과 살구꽃이 지천으로 피어 널리고 종다리는 푸른 보리밭 이랑 위로 고운 음색으로 노래하며 하늘 높이 솟구치는데, 묵은 곡식은 떨어지고 햇보리는 아직 여물 기미도 보이지 않아 배고팠던 그 시절의 4월은 정말 잔인한 달이었을 게다. 오죽하면 "4월 없는 곳에 살았으면 좋겠다"는 말이 생겨났을까.

나 자신의 과거에도 절대 잊히지 않는 잔인한 4월이 있었다. 1960년대 말 결혼을 앞둔 무렵이었다. 지금은 문화재 건축물로 등록되어 있지만 당시엔 서울대학교병원의 본관이었던 붉은 벽돌의 시계탑 건물 안에 있던 내과에서 나는 청천벽력과 같은 진단을 받았다. 그러고 나서 어떤 연유였는지 나는 병원 근처였던 창경원으로 가서 꽃잎이 온통 백옥같이 하얗게 만발한 벚나무 아래 수많은 상춘객 틈에 끼여 망연자실한 채 앉아 있었다. 넋 놓고 동물원 철책 안을 바라보던 나의 두 팔 안에는 사료처럼 내던져진 6개월분의 '파스' 폐결핵약 꾸러미가 천근같은 무게로 안겨져 있었다. 그때의 폐병은 한센병과 더불어 불치병, 절망 그 자체로 여겨졌다. 그 해 4월은 내게 생명이 약동하는 봄이 아니었다. 내 삶의 봄날에 나는 겨울을 맞이하는 기분이었다.

이제 4월의 축복에 대해서도 얘기해야 될 것 같다. 세상이 윤택해지고 물질적으로 풍요로워져서일까? 요즈음의

4월에는 옛날처럼 슬퍼하거나 잔인하다고 느낄 필요가 없을 것 같다. 이러한 표현들은 어디까지나 시대 상황이나 개인적인 주관일 따름이다. 확실한 것은 일 년 열두 달 가운데 넷째 달인 4월이 제일 아름다운 달이요 5월과 함께 기대와 희망의 달이라는 것이다. '4월'이라는 단어에서만큼은 '4' 자가 불길하다거나 나쁘다는 이미지가 비치지 않는다. 봄이 활짝 피는 4월이 되면 가장 먼저 생각이 난다는 〈April Love〉라는 옛 팝송이 있다. 펫분이 불렀던 최고 히트곡으로서 4월의 풋풋한 젊은 사랑을 노래한 이 곡은 지금도 들으면 나의 마음은 한없이 상쾌해지고 감미롭게 상기되는데 이 곡 노랫말에서 도무지 '4' 자의 어두운 그림자는 상상조차 할 수가 없다.

피천득 선생은 그의 수필 〈봄〉에서 "인생은 빈 술잔, 주단 깔지 않은 층계, 4월은 천치같이 중얼거리고 꽃 뿌리며 온다"라고 어느 시인의 말을 인용했다. 나에게는 정말 정감이 가는 인용구다. 4월은 만우절의 달이기도 해서 그런지 어수선하고 조금은 불안하고 마음이 들떠서 그 무엇에 홀려 속을 것만 같은 생각이 든다. 4월에는 초하루가 아니래도 마누라에게 혼이 날 정도가 아니라면 바보같이 누구에게 속아도 괜찮겠다는 생각이 든다. 이번 4월은 총선으로 어수선하고 많이도 속았다는 생각에 좀 화가 나는 심정일 것이며, 지금도 사회 구석구석에는 오염된 정치의 얼룩이 씻기지 않는 채 남아 있는 것 같다.

이제 4월은 우리 앞에서 아름답게 그 위업을 완수하며 지나가고 있다. 4월은 지금 꽃들을 화사하게 피우고 지며 푸를 신록을 준비하며 물러나고 있다. 계절의 여왕이신 5월은 4월의 찬란한 업적을 치하하며 싱그럽게 초록색 긴 치마를 드리우며 다가서고 있다. 그녀는 우리에게 태양과 같은 생명력과 푸른 희망을 선사할 것이다.

박무형 수필집
아버지의
마지막

초판인쇄 | 2020년 3월 23일
초판발행 | 2020년 3월 30일
지은이 | 박무형
펴낸이 | 김경희
펴낸곳 | 말그릇
    (우)02030 서울시 중랑구 공릉로 12가길 52~6(묵동)
    전 화 | 02-971-4154
    이메일 | wjdek421@naver.com
    등록번호 2020년 1월 6일 제2020-3호

ⓒ 2020 박무형
값 13,000원

ISBN 979-11-969727-0-7 03810

• 저자와 합의하에 인지는 생략합니다.
• 잘못된 책은 구입하신 곳에서 교환해드립니다.

이 도서의 국립중앙도서관 출판시 도서목록(CIP)은 서지정보유통지원시스템 홈페이지(http://seoji.nl.go.kr)와 국가자료공동목록시스템(http://www.nl.go.kr/kolisnet)에서 이용하실 수 있습니다.
(CIP제어번호 : CIP2020011372)